# たぱぞう式 米国個別株投資

最速で資産1億円！

たぱぞう

きずな出版

はじめに

# 個別株投資はチャンスが大きくて、なによりも楽しい！

ここ数年、日本では米国株投資「ブーム」が起きています。私がブログ「たぱぞうの米国株投資」を開設したのは２０１６年のことですが、当時はタイトルに「米国株」という言葉が入った書籍は数冊ほどしかありませんでした。

その後、ありがたいことに私のブログは毎月１００万ＰＶ（ページビュー）をこえるようになり、２０１９年には出版社から声をかけてもらって、米国株投資をテーマにした本を２冊出しました。そして、２０２０年から２０２１年にかけて、タイトルに「米国株」が入った本が一気に増え、昨今では書店に行くと投資本の棚に「米国株投資コーナー」ができてきています。書籍の刊行点数を見れば、たしかに「ブーム」といっても間違いではありません。５年前の状況と比べると隔世《かくせい》の感があります。

こうした状況を受けて、昨今ではネット上で「こんなに米国株がブームになってしまっ

ているなかで、ノセられて米国株投資を始めても損をするだけ」というような声も見られるようになっています。たしかに、もしも米国株投資がかつて過熱したバブルのようなものであれば、こうした主張は正しいかもしれません。ブームになってから投資を始めると高値づかみをして、その後の暴落などで大損を被《こうむ》る危険がありますから。

ただ、**米国株投資は一過性のブームではなく、普通の人が投資を行うときのスタンダードな手段になると私は思っています**。人口も減り、社会が高齢化して、経済の成長も見込めない日本では、ただ一生懸命働くだけでは収入が増えたり資産が増えたりすることは期待できません。必然的に、若いときから仕事などで得た収入の一部を投資に回して運用し、個々人が自分のお金を増やしていかざるを得ない社会にすでになりつつあります。

そうしたなかでだれでも実践できて、堅実にお金を増やしていける方法が米国株投資だと私は信じていますし、そのために情報を発信し続けています。

そして、少なくとも私が提唱している米国株投資は、1年とか2年とかそういう短いスパンで利益を上げる投資ではありません。10年、20年、30年といった長期的な視点から資産を増やしていくことを目的としています。

ですから、**米国株投資をスタートするのにいいタイミングというものは別にありませんし、乗り遅れるということもありません。**強《し》いていえば、できるだけ若いときから始めればそれだけたくさん時間が使えて有利になりますが、だからといって40代や50代で始めるのでは遅すぎるということもないのです。

さて、私は過去の著書で、まったく投資をしたことがない人に向けて米国株投資の魅力とやり方をお伝えしてきました。本書ではもうちょっと踏み込んだ投資手法をお伝えしたいと思います。具体的にいうと、**「すでに米国株の投資信託やＥＴＦの積立をしているけれど、もう少しリスクをとってもいいからお金が増えるスピードをアップさせたい」**と考えている人向けの方法です。

私が前作『図解でよくわかる　たぱぞう式米国株投資』（きずな出版）でお伝えしたのは、ｉＤｅＣｏ《イデコ》やつみたてＮＩＳＡ《ニーサ》などの制度を使い、毎月数万円程度から米国のインデックス（Ｓ＆Ｐ５００など）に連動した投資信託やＥＴＦ（上場投資信託）をコツコツ買っていくというものでした。これがまさに、どんな人にでも（つまり投資未経験の方でも）オススメできる米国株投資です。

しかし、**この投資手法のデメリットを挙げるとするならば、「資産形成にとても時間がかかる」というものがあります**。ざっくりいうと、米国株のインデックス投資で現実的に期待できるリターンは年率4〜5%ほどです。

金融庁のサイトにある資産運用をシミュレーションできるページで、毎月3万円を年率5%で10年間運用した場合を入力してみたのが次のグラフです。たしかに増えてはいます。同じ金額を銀行にただ預けているだけよりはよほどマシです。しかし、10年で計360万円を投資してプラス105・8万円という金額は、決して多いとはいえませんよね。

**これは投資の世界の残酷な事実なのですが、投資はお金をたくさん持っている人のほうがますますお金を増やしやすいようにできています**。たとえば、同じ年率5%の運用をしていても、毎月30万円を積み立てられる人なら10年で約1058万円も増やすことができるのです。私は現在、法人資産が4億円をこえていますが、資産が1000万円をこえたあたりから明らかにお金が増えるスピードが増していった実感があります。

では「投資に投入できるお金が1000万円もないよ」という人はどうすればいいのでしょうか。ここで2つの選択肢があります。

## 毎月3万円を年率5%で
## 10年運用した場合の資産の増え具合

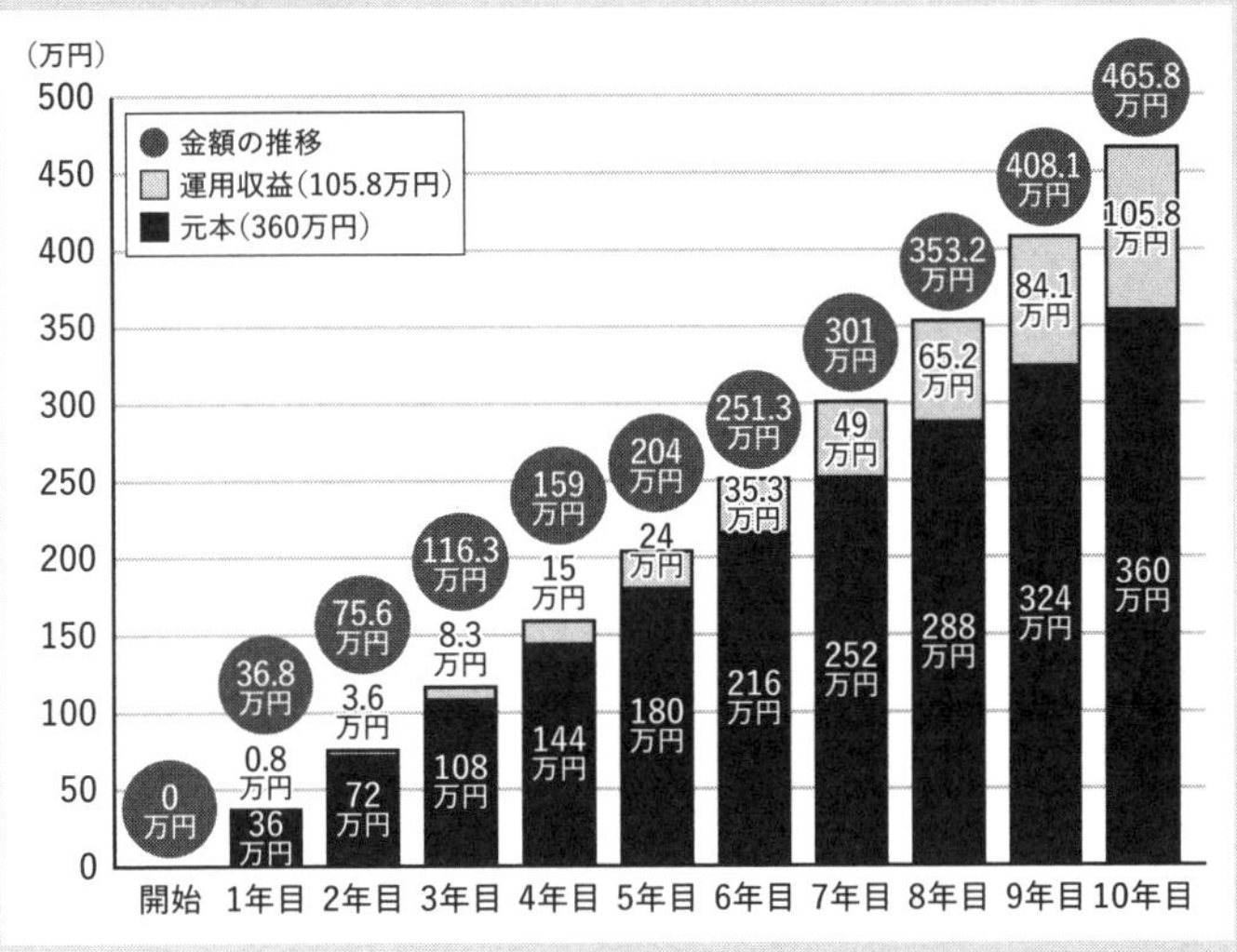


出典:https://www.fsa.go.jp/policy/nisa2/moneyplan_sim/index.html

1つは、20年とか30年かかってもいいから、とにかくコツコツと堅実にお金をふやしていくという方法。これが、前著で私が提唱した時間を武器にする投資方法ですね。

そしてもう1つは、**自分の手持ち資金が少ないときはもう少しリスクを取って成長性の高い会社の個別株などにもアグレッシブに投資をし、それで資産がまとまってきてから、たとえば成長率は低いけれど配当金が多いディフェンシブな投資に切り替えるという方法です**。本書で紹介するのはこちらです。

毎月決まった金額を積み立てていくインデックス投資は堅実で楽ちんですが、それは裏を返せば「退屈である」ということにほかなりません。また決まった銘柄をただ自動的に買い続ければいいだけなので、投資や経済に関して学びを深める機会もありませんね。

**個別株投資はインデックス投資よりもリスキーではありますが、その分期待できるリターンが高くなりますし、なによりも「楽しい」のです**。気になった企業のことを調べたり、世の中のビジネスのトレンドを調べたりするきっかけになります。そういったことを調べて、比べて、判断することに楽しみを見いだせる人は、ぜひ本書を通じて米国個別株投資の世界へ足を踏み入れましょう。もちろん、無理のない範囲で。

最速で資産1億円！ **たぱぞう式 米国個別株投資**

# もくじ

## 第1章 まずは貯金とインデックス投資で守りを固めよう

## 第2章 投資を始める前に「目的」と「目標」を定めよう

## 第3章 セクター別のＥＴＦを検討しよう

## 第4章 個別株投資の基本を勉強しよう

## 第5章　ファンダメンタルズ分析を身につけよう

特別付録

## たぱぞう厳選！ 大注目の米国株45銘柄

※本書の内容は筆者個人の見解であり、情報の利用の結果として何らかの損害、及び逸失利益が発生した場合でも、筆者及び出版社は理由のいかんを問わず、責任を負いません。投資対象及び商品の選択など、投資にかかる最終決定はご自身で判断なさるようお願いいたします。

※本書で掲載している各種データは2021年4月時点のものです。




装丁：渡邊民人（TYPEFACE）
本文デザイン・図版制作：五十嵐好明（LUNATIC）
イラスト：アゲオカ
執筆協力：おせちーず
校正：鷗来堂

第1章

# まずは貯金とインデックス投資で守りを固めよう

# 貯金ゼロで投資をしてはいけない

個別株の投資をすすめる本でいきなりこんなことをお伝えするのもヘンなのですが、**もしもあなたが現在、十分な貯蓄がない、あるいはなけなしの貯蓄を米国株投資につぎ込もうとしているのであれば、私は賛同できません**。米国株投資はたしかに「誰もができる投資術」であることに間違いはないのですが、リスクがゼロではないからです。

投資でいう「リスク」とは、お金が増えたり減ったりするブレ幅の大きさを指します。銀行の普通預金はリスクがほぼゼロです。つまり、増える可能性もほぼゼロだけど、減る可能性もほぼゼロということですね。だから私たちは安心してお金を預けられるのです。

銀行の普通預金と比べると、米国株投資はリスクが大きいです。増える可能性もあるけれど、減る可能性もあるということです。

投資経験者ならご理解いただけると思いますが、自分の買った銘柄が値下がりし、資産がどんどん減っていくときの心理的なダメージは想像を絶するものがあります。ましてや、それが自分の全財産だったとしたら夜も眠れなくなるでしょう。

というわけで、個別株投資を始める前に、なによりもまず覚えておいていただきたい投資の鉄則は**「投資は余ったお金でやろう」**ということです。

貯金がない人は、投資なんかしないで、まず貯金しましょう。家計簿をつけたりして自分の毎月の支出を洗い出し、浪費をなくすことが先決です。とくに携帯電話代やネット回線費用、保険料、水道光熱費、自動車の維持費、動画や音楽などの定額制サービスなどを見直すとお金が余ったりするものです。

どのくらいの貯金があればいいかは、あなたの年齢や住んでいる地域、家族構成、労働形態（正社員なのか個人事業主なのか）や収入などによって違うので一概にはいえません。ただ、家計再生の第一人者として多くの著書を出しているファイナンシャル・プランナーの横山光昭先生は「生活費の6か月分を生活防衛資金として持っておくべき」と主張されています。つまり、**いきなり仕事をクビになったりして収入がゼロになっても、半年間は暮らしていけるだけのキャッシュ（現金）を持っておきましょう**ということですね。

これは1つの目安にしていいのではないでしょうか。もちろん、これから子どもが生まれるとか、いま子育ての最中だというご家庭の場合は、教育にかかる費用もキャッシュで保有しておいたほうがいいでしょう。

## コア・サテライト投資という戦略

　さて、いざというときに困らない現金が確保できて、投資の資金もまとまったらいよいよ投資を始めるスタートラインに立てたことになります。

　ここでまた水をさすようなことをいって申し訳ないのですが、**もしもあなたがまったくの投資未経験者なら、いきなり個別株投資を始めるのはやめておいたほうがいいでしょう**。先にやっておいたほうがいいのは、長期で安定的に運用できる「コア」の投資先を定めることです。

　投資には株式以外にもいろいろあります。投資信託、ＥＴＦ（上場投資信託）、不動産、債券（国債など）、金、先物取引、ＦＸなどです。個別企業の株式に投資する「個別株投資」は比較的リスクもリターンも大きめな投資です。投資した会社でなにか不祥事や事件、事故が起きたら、一気に株価が暴落することだってありえますよね。いくら貯金があるとはいっても、余剰資金を全額、個別株投資に突っ込むのはなかなかリスキーです。

　そこでご提案したいのが**「コア・サテライト投資」**という考え方です。コアとは核、サテライトとは衛星です。**コアの部分で「時間はかかるけど安定して資産を増やせる投資」を行い、そこからさらに余ったお金でハイリスク・ハイリターンな運用をしていきましょう**という投資手法ですね。

## コアの部分でインデックス投資をやる

では、コアの投資はなにをすればいいのか。それが、私がこれまでの本でお伝えしてきた米国の株価市場のインデックス（株価指数）に連動した投資信託やＥＴＦです。

「なぜ日本株ではなく米国株がいいのか？」という疑問については前著『図解でよくわかる　たぱぞう式米国株投資』等を読んでいただきたいのですが、理由を端的に述べると**「日本経済よりも米国経済のほうが好調だし、今後もその流れは変わらないと予測できるから」**です。これは東証株価指数（ＴＯＰＩＸ）と米国の株価指数Ｓ＆Ｐ５００の推移をグラフで見るとわかりやすいですね。

ＴＯＰＩＸというのは東京証券取引所市場第一部（東証一部）に上場しているすべての

企業の株価から計算される指数です。S&P500というのは、アメリカを代表する500社で計算される株価指数です。

次のページのグラフを見てもらえばわかりますが、**S&P500は長期的な目線では順調に右肩上がりを続けているのに対し、TOPIXは上下を繰り返しながらほぼ横ばいで推移しています**。これを「ボックス相場」といいます。まるで箱のなかに入っているかのように、一定の上下幅を行ったり来たりしているだけの相場のことです。

2012年に誕生した第二次安倍晋三内閣が掲げたアベノミクスは大いに盛り上がりました。たしかに、2012年から2020年くらいまでの推移を見ると、上昇はしています。しかし、それでも1989年12月18日に記録した最高値を更新できていません。日本人として残念には感じますが、しかしこれが事実なのです。

これを見る限り、TOPIXに連動して値動きする投資信託やETFを長期で保有するのはおすすめできません。

図表 1-01

## アメリカの株価指数の推移

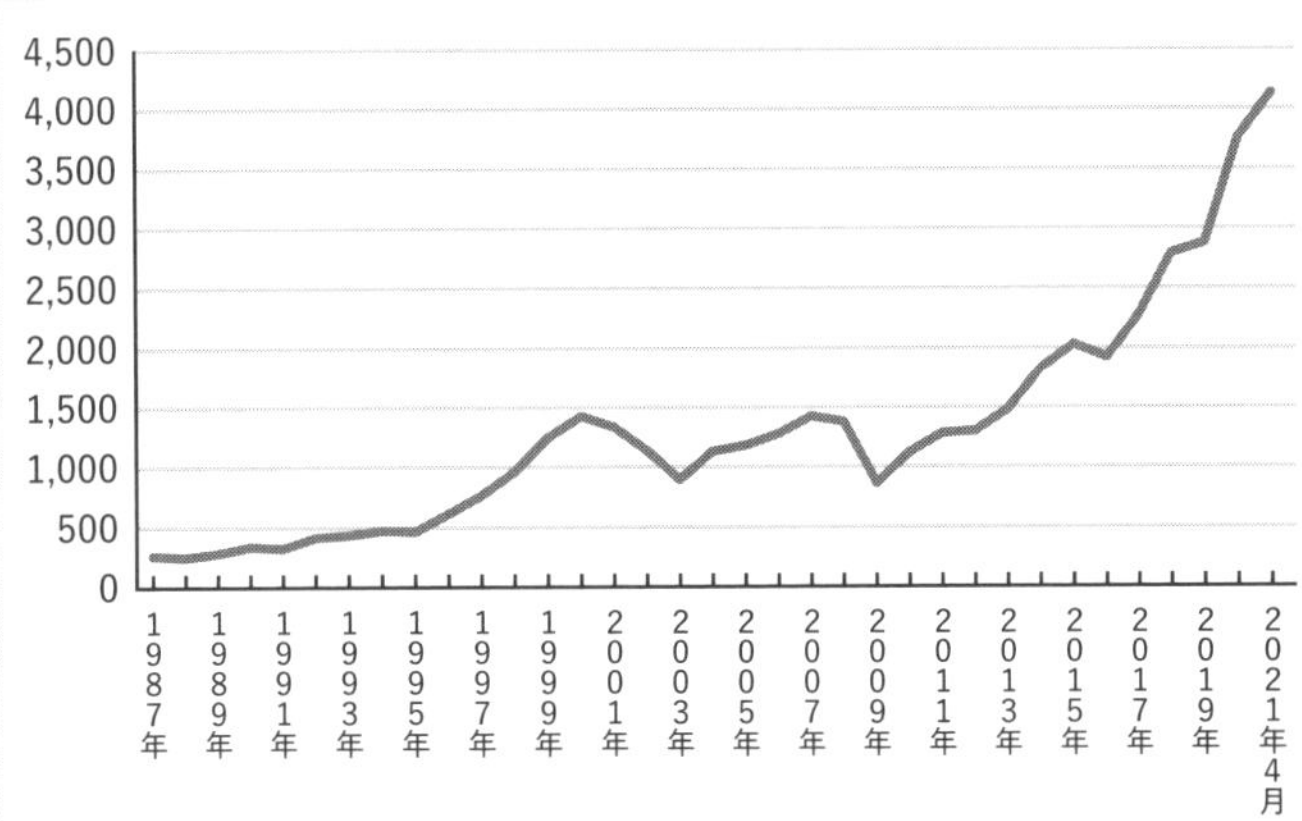


※S&P500の推移

## 日本の株価指数の推移

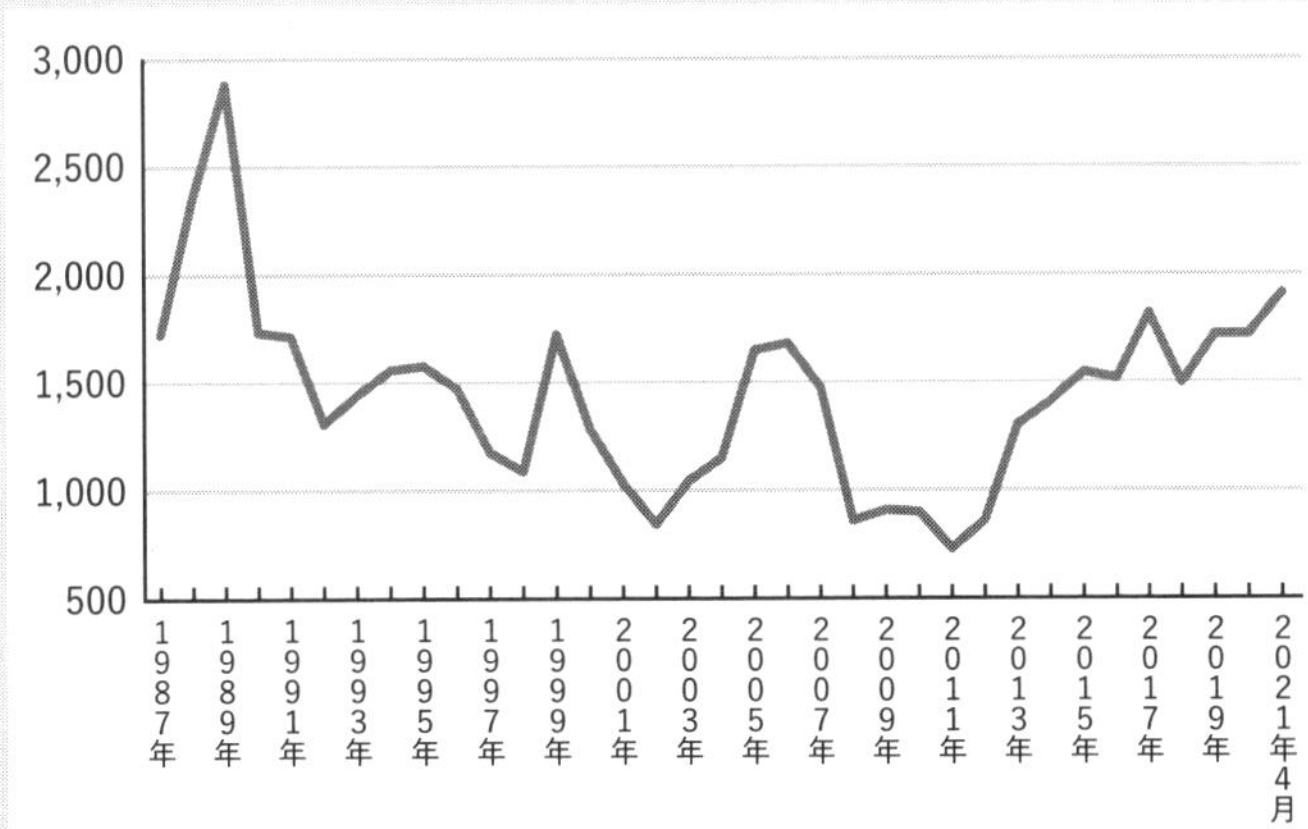


※TOPIXの推移

# VTIかS&P連動ETFをコツコツ買う

さて、それでは米国の株価市場のインデックスに連動した銘柄とは、具体的にどれを買えばいいのでしょうか。結論だけをすごく簡単に言うと、

**◉VTI（バンガード・トータルストックマーケットETF）**
**◉S&P500に連動したETF（SPY：SPDR S&P500ETF TrustやVOO：バンガード・S&P500ETFなど）**

投資初心者の方であれば、これらを毎月コツコツと買い続けていくのが正解——というのが、私がたどり着いた結論です。

**VTIはアメリカの企業およそ4000社の株式で構成されているETFです。**VTIを購入すれば4000社くらいの米国企業に分散投資しているのと同じになります。

**もう1つのSPYなどはアメリカを代表する優良な500社の銘柄で構成されている指**

**数S&P500に連動したETFです**。ＶＴＩに比べると構成銘柄は少なくなりますが、投資の分散効果は十分といえるでしょう。

先程述べたように、１つの企業だけの株式を持っていると、その会社に不測の事態が起きたときに株価が暴落するおそれがあります。でも、４０００社とか５００社で構成されていればそうしたリスクは低減できますよね。

もちろん、米国経済が壊滅的な状況になって４０００社の業績が軒並み下がることもありえるでしょう。実際、２００８年のリーマンショックや、２０２０年の新型コロナショックのときにはＶＴＩやＳ＆Ｐ５００に連動するＥＴＦも値下がりしました。

しかし、米国経済がそのように壊滅的な状況になっているということは、それ以外の国の経済もひどい状況にある……つまり世界的な不況に陥《おちい》っている可能性が非常に高いので、そんな状況ではどこに投資していたとしても結果はさほど変わらないと思います。

なお、**VTIやS&P500に連動するETFのその後の値動きですが、新型コロナの感染拡大にともなう下落は一時的なもので、すぐに上昇基調へと持ち直して値上がりを続けています**。頼もしいことです。

# 米国株だけが不安ならVTという選択肢もアリ

それでも、もしあなたが「やっぱり米国経済だけに頼るのは不安だ」と思うのであれば、**VT（バンガード・トータル・ワールドストックETF）**という商品もあります。こちらは米国だけではなく、日本やヨーロッパ、新興国など全世界の約9000銘柄を投資対象にしているETFです。VTは投資可能な市場時価総額の90％以上をカバーしているので、VTを買えば世界全体の企業に投資しているのと同じことになります。

ただ、**VTIとVTのパフォーマンスを比べてみると、VTIが勝っています**。理由は簡単で、VTは日本やヨーロッパなど成長性の低い国の銘柄も含んでいるからです。ですから私としては、やっぱりVTを買うよりも、VTIやS＆P500に連動したETFを買ったほうがいいと思っています。

それでも私がVTを紹介したのは、**投資する先を選ぶときには「自分が腹落ちしたものを買うのが大事」だと考えているからにほかなりません**。

図表1-02

## VTIとVTの比較

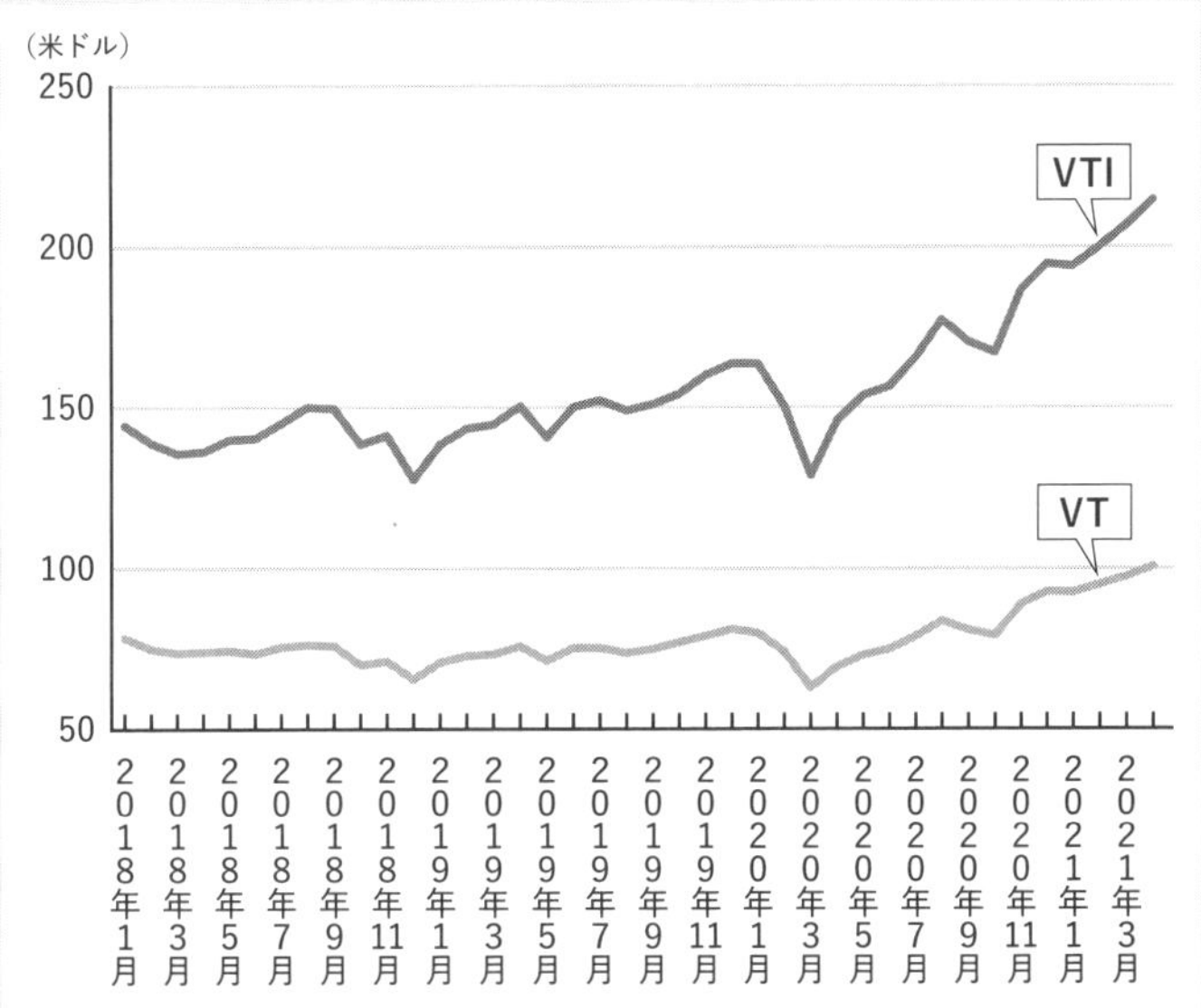


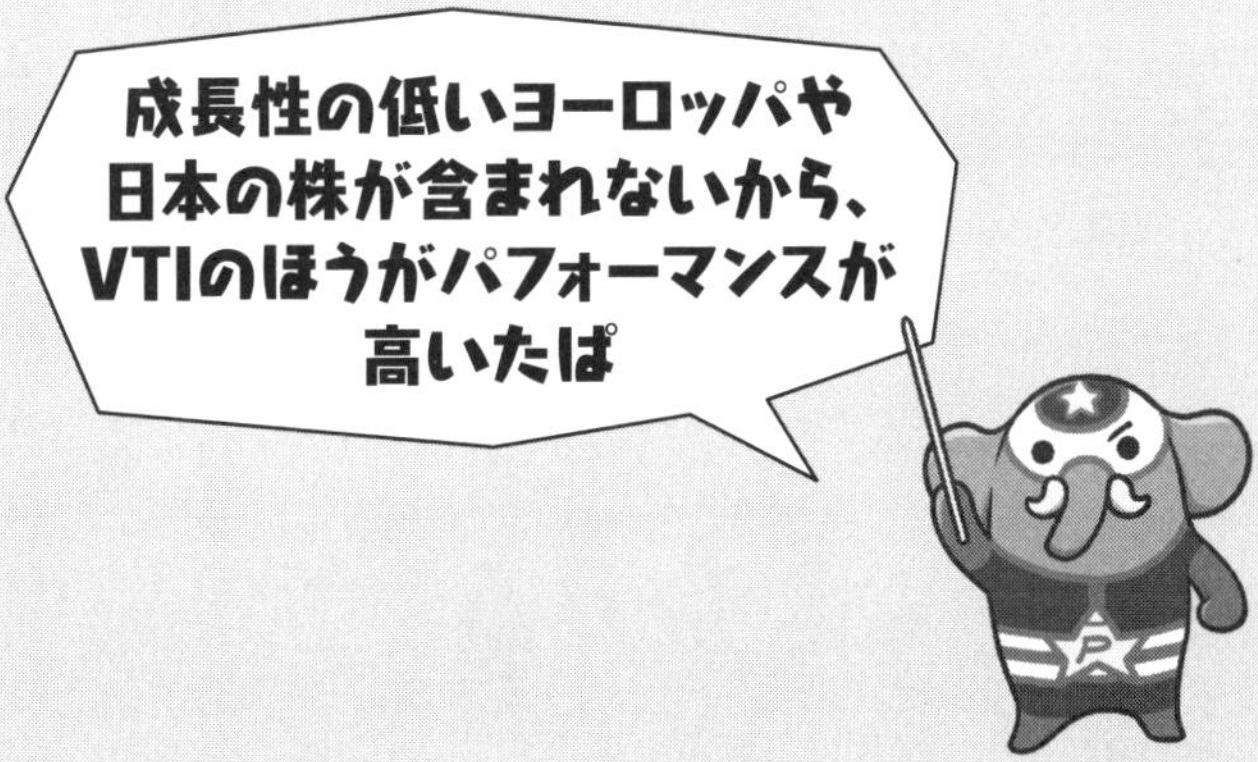

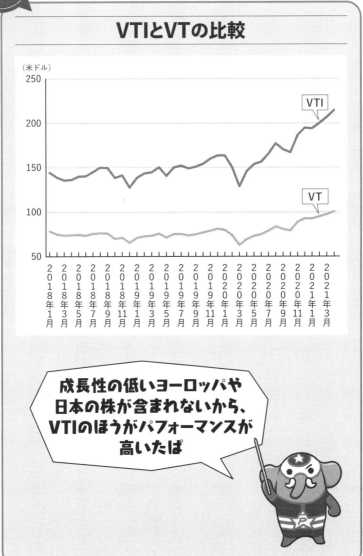

私が米国株投資を実践し、ブログや本を通じて皆さんに米国株投資をオススメしているのは、「今後も米国企業と米国経済は世界をリードし、成長し続ける」というストーリーを信じているからです。この部分に納得できないまま「なんか米国株に投資すると儲かるらしい」という理由で投資を始めても、長くは続かないでしょう。

ちなみに、VTIはこの10年くらい年率10％超という申し分のないパフォーマンスを出しています。**10年前にVTIを100万円買っていたら、複利の効果も働いて、いまごろ400万円近くになっているということです**。

ただし、この年率10％の増加率というのは、いささかできすぎている数字ですね。これから20年、30年と持ち続けて同じような年率を維持できる可能性は高くないでしょう。VTIを運用しているバンガード社も、今後は長期的に見ると年率4～5％くらいで推移するのではないかという予想を立てています。

ですから、いまからコアの投資先としてVTIやS&P500連動ETFを買い続けていくのであれば、あまり大きく期待しすぎず**「年率4～5％くらいで増える」**程度に考えておくのがいいと思います。

# 債券ETFという選択肢もある

「米国株は日本株に比べれば値下がりするリスクが小さい」とたぱぞうは考えていますが、そうはいっても株なので油断はできません。たとえば２００８年のリーマンショックや２０２０年の新型コロナショックのように、全世界の経済にダメージを与える事件は今後も十分起こり得ることです。そういったときにはたとえ優良な米国株だろうが値下がりしてしまうでしょう。

**そういったリスクを抑えたいということであれば、株だけではなく債券にも投資しておくという選択肢はありえます**。債券というのは、政府や企業の借金のことです。債券を市場で売買するというのは、つまり政府や企業から借金を取り立てる権利を売ったり買ったりするということです。

**債券は株よりもリスクが低く、とくに不況になると株から債券にお金が流れるので値上がりしやすいといわれます**。といっても、やはりリスクはゼロではありませんから、債券

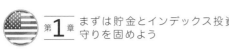

に投資する場合も個別の債券を買うより、複数の債券をまとめてパッケージングした債券ETFを買うのがいいのではないかなと思います。債券ETFであれば次の2つあたりから選べばいいでしょう。

**●BND（バンガード米国トータル債券市場ETF）**

**●AGG（iシェアーズ・コア米国総合債券市場ETF）**

BNDは米国の債券市場全体に投資できるETFです。ガチガチ安全志向なETFで、リターンは多くありませんが、安定したインカムを手にできます。

AGGはブルームバーグ・バークレイズ米国総合債券インデックスという指標に連動するETFです。

さほど違いはありませんので、手数料などを吟味《ぎんみ》して選んでください。

第2章

# 投資を始める前に「目的」と「目標」を定めよう

# あなたは本当に個別株投資をする必要があるか？

投資をするにあたって大事なことはなんでしょうか？　豊富な投資資金、情報収集能力、銘柄の選別眼、いざというときの決断力……数え上げればきりがないほどいろいろありますし、どれも大事なのですが、**投資を始めるにあたっては「目的」と「目標」を明確にすることがとても大事です**。

たとえば、ただ漠然と「お金を増やしたい」から投資を始めるのはよくありませんね。どの銘柄にどのくらい投資するべきかは、すべて「目的」と「目標」によって変わります。それらがボンヤリとしていると、銘柄選びもボンヤリしたものになりますし、たとえ自分が買った銘柄が値上がりしたとしても、いつ売れればいいのか自分で判断できなくなってしまいます。

たとえば、あなたがいま30歳で、自分ひとりの老後資金を確保するのが「目的」だとしましょう。いまは65歳で定年になる会社が多く、老後資産として必要な金額は2000万円ともいわれていますから、ここで**「65歳（つまり35年後）までに2000万円をつくる」**というのを「目標」にしたとします。

すると、**じつはこの人の場合は「個別株投資はしなくていい」という結論になります**。

なぜなら、期待できる年率が4〜5％であるVTIを毎月2万円ずつ買い続けて運用すると、それだけで35年後には2000万円を突破できるはずだからです。これで目的が叶えられるわけですから、もっとリスクが高くて手間ひまがかかる個別株投資なんて、しなくていいのです。

ただし、「65歳までに2000万円」という目標が同じだとしても、毎月いくら積み立てなければいけないかは、その人の年齢によって変わります。

たとえば同じ条件で現在50歳の人が65歳までに2000万円をつくりたい場合、時間は15年しかありません。

年率4・5％で運用する場合、毎月2万円では足りませんね。この場合は毎月7万800円ずつ積み立てていかないと間に合いません。

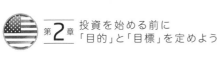

図表 2-01

## 65歳までに2,000万円をつくりたい場合

65歳までに
2,000万円をつくる場合に
必要な毎月の積立金額
（年率4.5%で運用するものとする）

| | |
|---|---|
| 20歳（あと45年） | 1万2,000円 |
| 25歳（あと40年） | 1万5,000円 |
| 30歳（あと35年） | 2万円 |
| 35歳（あと30年） | 2万7,000円 |
| 40歳（あと25年） | 3万7,000円 |
| 45歳（あと20年） | 5万2,000円 |
| 50歳（あと15年） | 7万8,000円 |
| 55歳（あと10年） | 13万5,000円 |
| 60歳（あと5年） | 29万8,000円 |

表を見ていただければわかるように、**積立投資を行う場合は「時間」こそが最強の武器になります**。

時間を武器にできない場合、取れる選択肢は2つしかありません。**投入するお金を増やすか、あるいはもっとリスクの高い（期待できる年率が高い）ものに投資するかです**。若いときからコツコツ積み立てたほうがいいというのはこういう理由です。私はこのことに気づくのが遅れてしまったので苦労しました。

## 最近よく聞くFIREとはなにか？

さて、もしも20代とか30代の若い人で個別株投資の必要性が出てくるとすれば、もっと大きな「目的」と高い「目標」を掲げている場合です。それはたとえばFIRE（ファイヤー）を目指す場合です。

**FIREというのは「Financial Independence, Retire Early」の略で、経済的に独立して早期退職することを指します**。つまり、経済的自由を勝ち取ることです。

多くの人は日々働いています。それはなぜかというと、自分が生きていくためのお金を稼ぐためです（もちろん、仕事そのものが好きな人もいます）。

しかし、**もしもあなたがなにもしなくても、たとえば毎月20万円が手元に入ってくるような状況をつくれれば、人生は一変するでしょう**。

一人暮らしの人なら毎月20万円もあれば十分生活していけますから、会社を辞めるという選択だってできるかもしれません。あるいは会社勤めを続けるにしても、出世レースのために身を粉《こ》にしてストレスフルに働く必要はなくなるかもしれません。「別にクビになっても大丈夫」という余裕のマインドでのびのびと働けるかもしれません。

**FIREは、株式や投資信託、ETFを保有していると得られる配当金や分配金で実現できる可能性があります**（配当金や分配金のことをインカムといいます）。では具体的に、毎月20万円のインカムを手にするためにはどのくらいの金融資産が必要なのかを計算してみましょう。

なお、以下では計算を単純化するために税金のことを考慮せずに述べていきますが、実際には配当金や分配金にも税金が課せられますので、手に入る金額はもっと少なくなります。税金については後述します。

## 現金がいくらあれば、ＦＩＲＥを実現できる？

それでは、インデックス投資で年率３％のインカムが得られる場合で考えてみます。毎月20万円のインカムとは、１年間で２４０万円（20万円×12か月）のインカムを受け取るということです。であれば、そのために必要な資金は８０００万円だと計算できます（２４０万円÷３％）。

つまり、**８０００万円の現金を用意して、年率３％のインカムが手に入るＥＴＦを購入すれば、それでＦＩＲＥは実現できそうです**。ちなみに、ＶＴＩはこれから期待できる年率が４〜５％くらいだと考えられますから、ＶＴＩに８０００万円を投資すると、年間３２０〜４００万円のインカムが得られる計算です。

……と簡単にいいましたが、普通の会社員の人が８０００万円ものキャッシュを貯めるのは並大抵のことではありません。たとえば、いま30歳の人が45歳でＦＩＲＥを実現した

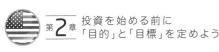

いと考えている場合で計算してみましょう。

仮に投資資金が100万円だとすると、100万円を15年で8000万円にするということですから、計算してみると年率34%を15年間継続しなければいけなくなります。投資資金が200万円だったとしても、年率28%近くの運用を15年続ける必要があります。なお、目標金額達成に必要な年率を計算するのは、モーニングスターのサイトに入力すると出てくるので便利です（https://www.morningstar.co.jp/tools/simulation/index.html）。

しかしこの「年率34%の運用を15年続ける」というのは、はたして可能なのでしょうか。**「投資の神様」として世界中の投資家から尊敬されるウォーレン・バフェットの運用成績は年率20%程度といわれています**。100万円を15年で8000万円にするには、バフェットをはるかに上回る投資を15年続けるということですね。

絶対に無理だとはいいません。掘り出し物の銘柄を見つけられれば、それこそ1年で資産を2倍にすること（つまり年率100%）も可能ですから。しかし、毎年のように実現していくには、かなりの腕と運が必要です。

# 投資でスルーできない税金のことを勉強しよう

ここまで読んでいただければ、投資をするにあたって「目的」と「目標」を明確にすることの重要性をご理解いただけたのではないでしょうか。

**投資の「目的」と「目標」が明確でなければ、そもそも1つの投資が成功したのか失敗したのか、自分で判断することができないはずです。**

たとえば、A社の株式を100万円で買って、1年後に110万円で売ったら、(税金を無視すると)1年で資産を10％増やすことができたことになりますね。この投資は成功でしょうか、それとも失敗でしょうか。あなたの目標が「年率15％以上で増やす」ことだったら、この投資は大成功とはいい難いですね。お金が増えたので失敗ともいいにくいですが、目標を達成できていないので、大成功ともいえないのです。

**投資の「目的」と「目標」があやふやであるということは、どういう銘柄を買うか、その銘柄がどうなったら売るかという基準があやふやであることを意味します。**これではとても投資を成功させることはできません。

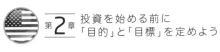

さて、ここまでは投資にまつわる税金の話を無視してきましたが、**投資をする以上、税金の話は避けては通れません**。とくに米国株投資をする場合は重要なので、ここで税金についてしっかり理解しておきましょう。

会社員の方の場合、毎月のお給料から所得税が勝手に天引きされます。私たちはお金を稼いだら、その一部を国に渡さないといけないのです。このルールは投資で稼いだ場合も適用されます。投資で課税されるのは次の２つのケースです。

**（１）譲渡益（キャピタルゲイン）が発生した場合**

**（２）配当金や分配金（インカム）を受け取った場合**

順番に説明していきますね。

## キャピタルゲインが発生した場合の税金

キャピタルゲインは株式などを売ったときに発生する利益のことです。１００万円で購入した株式を１１０万円で売った場合、キャピタルゲインは10万円です。この10万円に課税されます。税率は20・315%なので、キャピタルゲインが10万円だった場合は2万315円が差し引かれます。これは日本株だろうが米国株だろうが変わりませんし、どうすることもできません。

ただし、**キャピタルゲインは「損益通算」をすることができます**。たとえば、A社の株式で10万円のキャピタルゲインをゲットしたけど、同じ年にB社の株で10万円損してしまった場合、これを相殺できるのです。この場合、プラスマイナスゼロになりますから、A社でゲットした10万円には課税されません。

また、NISAなどの制度を利用すると、この税金が免除されます。NISAには「一般NISA」と「つみたてNISA」がありますが、**一般NISA口座では年間120万円、つみたてNISAでは年間40万円までの投資で得た利益（キャピタルゲインもインカムも）が非課税になるのです**。

20%もの税金を払わなくていいというのはかなり大きなメリットです。デメリットとしては、NISA口座で運用した投資で損失が発生しても、ほかの口座のキャピタルゲインとは損益通算できない、というものがあります。

# インカムを受け取った場合の税金

**インカムを受け取った場合も、やはり20・315％の税金がかかります。**ただし、米国株から受け取ったインカムは、まず米国の税金で10％が差し引かれ、さらに日本の税金として20・315％が差し引かれてしまいます。つまり、インカムの30％近くがなくなってしまうということですね。

米国と日本でそれぞれ税金を課せられてしまうので、これを「二重課税」といいます。でも、**このうちの米国の税金は確定申告することで取り戻すことが可能です。**「外国税額控除」というものがあるので、米国で課税されてしまった税金を所得税や住民税から控除し、還付を受けることができます。

なお、外国税額控除は絶対に受けないといけないものではありません。確定申告をしないと10％の二重課税をされたままになる（つまり自分が損する）だけで、罰則があるわけではないのです。ただ、投資金額にもよりますが、利益の10％が差し引かれてしまうのは小さくないので、やっておいたほうがいいと思います。

また、**NISA口座で配当金や分配金を受け取った場合は、外国税額控除はできません**。そもそも日本の税金が課税されておらず、二重課税状態にはなっていないからです。

## 証券会社は手数料の低さで選ぼう

「確定申告」という言葉も出てきたので、投資と確定申告についても説明しておきます。

投資を始める場合、証券会社に口座を開設します。そのとき、「一般口座」か「特定口座」のどちらかを選ぶ必要があります。**普通の人は、「特定口座（源泉徴収あり）」を選んでおけば問題ないでしょう**。特定口座（源泉徴収あり）にしておけば、証券会社が年間の売買損益を計算して、あなたの代わりに納税してくれます。

ただし、前述したように、米国株投資で配当金や分配金を受け取って二重課税状態になっていて、米国で徴収された税金を取り戻したいと考えている場合は、特定口座（源泉徴収あり）でも自分で確定申告をする必要があります。

**証券会社を選ぶ際のポイントは、ずばり「手数料」です。**株式投資では株式を買うときにも売るときにも手数料がとられます。さらに、米国株投資をするということは、手持ちの円を米ドルに替えて、その米ドルで米国株を買うことになります。円を米ドルに替えたり、米ドルを円に戻したりするときにも為替手数料がかかるのです。手数料はそれ自体がなんの利益も生まないコストですから、低ければ低いほどよいものです。

一般的に、リアル店舗を持っている大手の証券会社より、リアル店舗を持たずにすべてインターネットでやりとりするネット証券会社のほうが、こうした手数料は安く設定されています。**とくにこだわりがないのであれば、ネット証券会社から選ぶのがいいでしょう。**

次のページにたぱぞうがすすめるネット証券会社の手数料をまとめましたが、手数料はたまに変更されたりしますから、インターネットで最新の情報を調べるようにしてください。

## 資産の一部を米ドルにすべき理由

米国株を購入する場合は「円貨決済」と「外貨決済」の2つの方法があります。

図表2-02

## おもなネット証券の手数料比較

| | 売買手数料 | 為替手数料（1ドルにつき） | 取扱銘柄数 | 開設されている口座数 |
|---|---|---|---|---|
| SBI証券 | 約定代金の0.495%<br>※約定代金が2.02ドル以下だと手数料無料<br>※上限は22ドル | 買付時25銭<br>売却時25銭 | 4,000超 | 約600万 |
| 楽天証券 | 約定代金の0.495%<br>※約定代金が2.22ドル以下だと手数料無料<br>※上限は22ドル | 買付時25銭<br>売却時25銭 | 3,700超 | 約500万 |
| マネックス証券 | 約定代金の0.495%<br>※約定代金が1.11ドル以下だと手数料無料<br>※上限は22ドル | 買付時0銭<br>売却時25銭 | 4,000超 | 約193万 |

たぱぞうのオススメはこの3社！
ただし、随時更新されるので、
ネットで最新状況を調べてみて
ほしいたぱ

円貨決済は、株式を売買するたびに円と米ドルを両替するやり方です。株を買うときに円を米ドルに両替し、その株式を売却したら米ドルを円に両替するのです。このやり方だと、いちいち為替手数料がかかります（ただし、購入にかかった費用や利益が円でわかるので把握しやすいというメリットがあります）。

**外貨決済というのは、先にお金を米ドルに両替し、米ドルで米国株を売買する方法です。**この場合、為替手数料は最初しかかかりません。その代わり、株式を売買するときにはすべて米ドルで行いますし、売買損益も米ドルで表示されるので、どのくらい儲かったのかが慣れるまでちょっとわかりにくいというのがデメリットでしょうか。

**私は米国株投資をするなら外貨決済をしたほうがいいと思います。**

理由は3つあります。

**（1） 為替コストがかからない**

すでに述べたように、株式を売買するたびに円を米ドルに替えたり、米ドルを円に替えたりすると、そのたびに手数料が発生していまいます。そうしたことにお金を使いすぎてしまうのはもったいないですね。

## (2) 為替レートがさほど気にならなくなる

円貨決済でいちいち円を米ドルに変えたり、米ドルを円に替えたりすると、そのときどきの為替レートが気になってしまうものです。

ここで為替についても説明しましょう。円を米ドルに替える場合は、円高のときのほうが有利です。たとえば100万円を米ドルに替えるとき、「1ドル＝100円（円高気味）」のときと「1ドル＝110円（円安気味）」のときでどのくらい差が出るのでしょうか。

**「1ドル＝100円」のときの100万円：1万ドル**
**「1ドル＝110円」のときの100万円：約9090ドル**

こんなふうに、為替レートが10円分ちがうと、同じ100万円を投資しようとしても使える金額に1000ドル近くの差ができてしまいです。

逆に、1万ドルを円に替えるときは、こうなります。

**「1ドル＝100円」のときの1万ドル：100万円**
**「1ドル＝110円」のときの1万ドル：110万円**

米ドルを円にするときは、円安になっていたほうがうれしいですね。このように為替レートの影響は小さくないのですが、だからといって為替レートにこだわってしまい、株式を買うべきタイミングを逃すのはあまり賢くありません。投資資金をすべて最初に米ドルに替えてしまい、いちいち円に戻さず米ドルだけで取引するようにすれば、こうした為替レートに左右されにくくなります。

## (3) 資産を円だけで持っていることはリスクになる

多くの人は日本円でお給料などをもらって、日本円だけの資産を持っているでしょう。でもじつはこれは、なかなかリスクがあります。いってみれば、日本円に集中投資をしているようなもので、日本円の価値が下がったとき、生活が苦しくなるリスクがあります。たとえば、日本円が安くなると輸入品の値段が上がります。石油も輸入品ですから、火力発電のコストが上がって電気代が高くなるとか、ガソリンの値段が上がるとか、そういう影響が私たちの生活にも及ぶのです。米ドルなど円以外の資産を持っていると、こうしたリスクを低減させることが期待できます。

こうした理由から、投資をする場合にいちいち手持ちのお金を円に戻さず、一定金額をドルで保有しておくのがいいのではないかと思います。

第3章

# セクター別のETFを検討しよう

# 市場平均以上のパフォーマンスを目指すとは？

前の章で、投資においては「目的」と「目標」を定めることが重要だとお伝えしましたが、次に大事なのが「分散」です。

これは第１章でも説明したとおりですが、とにかく手持ちのお金を１つの企業の株式に集中させるのは賢いやり方ではありません。この「分散」の重要性は、何度説明してもしすぎることはありません。だからこそ、私は投資初心者の方には１つの銘柄で４０００社とか５００社に分散投資できるＶＴＩやＳ＆Ｐ５００に連動したＥＴＦ（ＳＰＹやＶＯＯなど）をすすめているのです。

とはいえ、こうしたＥＴＦにも弱点があります。**たくさんの企業の株式をカバーしているということは、あまり業績がよくない企業の株式も持ってしまうことになるからです。**そうした企業がＥＴＦのパフォーマンスの足を引っ張ってしまいます。なので、理論上の話をすれば、業績が悪い企業を外して、業績がよい企業だけのポートフォリオを組めば、

S&P500以上の成果を手にすることができるはずです。

しかし、これが難しいのです。そんなことができるのであれば、投資をやっている人たちはみんな億万長者になれます。

私たちが確認できるのは過去と現在の業績だけで、未来の業績は知る由《よし》もありません。いま業績が悪い企業が、これからもずっと業績が悪いままであり続けるかはわかりません。逆に、いま業績のよい企業が、これからもずっと業績がよいままでい続けるかもわかりません。市場の平均よりも上を目指そうとするのは、市場の平均よりも下になるリスクを覚悟するということです。

そのことにご留意いただいた上で、**S&P500よりもアグレッシブにリターンを狙うETFのうち、たぱぞうがすすめるものをご紹介していきます**。いきなり個別株投資に突っ込むのは怖いということであれば、「インデックス投資以上・個別株投資以下のリスク」と評価できるアグレッシブなETFは選択肢になりえますね。

ここでのキーワードは**「セクター」**です。オススメの銘柄をお伝えする前に、まずはセクターというものを一緒に学んでいきましょう。

# 米国企業は11のセクターに分類される

世の中にはいろいろなビジネスがあり、なかには同じようなビジネスをしている会社も少なくありません。米国株投資の世界では、こうした業種やテーマなどが似ている企業群を**「セクター」**というグループで分けます。同じセクターに分類される企業の株価は、同じような値動きをすることがよくあります。たとえば石油に関連するビジネスを行っている企業なら、どこも石油の国際価格に業績や株価が大きく左右されますよね。

**個別株投資で「分散」を考える場合は、このセクターを考慮しなくてはいけません。**たとえば、マクドナルドとバーガーキングとシェイクシャックの3社に投資していても、これでは分散投資をしているとはいえないのです。

とくに個別株投資の場合、自分の好きな業界にばかり集中してしまうこともありますから、セクター的にちゃんと分散できているかをチェックする必要があるでしょう。

さて米国株の場合はセクターが11に分かれています（左ページ参照）。

図表3-01

## セクター別ETFの構成企業と資産総額

| セクター名 | バンガード社のセクターETF | 主な構成銘柄 | 資産総額（十億米ドル） |
|---|---|---|---|
| エネルギー（Energy） | VDE（バンガード・エナジーETF） | エクソンモービル、シェブロン、コノコフィリップス、EOGリソーシズ、シュルンベルジェ、フィリップス66、マラソン・ペトロリアム、バレロ・エナジー、パイオニア・ナチュラル・リソーシズ、キンダー・モルガン | 4.701 |
| 素材（Materials） | VAW（バンガード・マテリアルズETF） | Linde plc、エアープロダクツ・アンド・ケミカルズ、シャーウィン・ウィリアムズ、エコラボ、フリーポート・マクモラン、Dow Inc、ニューモント、デュポン・ド・ヌムール、Corteva , Inc、PPGインダストリーズ | 3.084 |
| 資本財（Industrials） | VIS（バンガード・米国資本財サービスETF） | ハネウェル・インターナショナル、ユニオン・パシフィック、キャタピラー、ボーイング、ユナイテッド・パーセル・サービス(UPS)、ゼネラル・エレクトリック(GE)、レイセオン・テクノロジーズ、ディア、3M、ロッキードマーティン | 5.100 |
| 一般消費財（Consumer Discretionary） | VCR（バンガード・コンシューマー・ディスクレショナリー） | アマゾン・ドット・コム、テスラ、ホーム・デポ、ナイキ、マクドナルド、スターバックス、ロウズ、ブッキング・ホールディングス、ターゲット、TJX | 5.941 |
| 生活必需品（Consumer Staples） | VDC（バンガード・コンシューマー・ステープルズETF） | プロクター・アンド・ギャンブル(P&G)、コカ・コーラ、ウォルマート、ペプシコ、コストコホールセール、フィリップモリスインターナショナル、モンデリーズ・インターナショナル、アルトリア・グループ、エスティローダー、コルゲート・パルモリーブ | 5.506 |
| ヘルスケア（Health Care） | VHT（バンガード・ヘルスケアETF） | ジョンソン・エンド・ジョンソン(J&J)、ユナイテッドヘルス・グループ、アボットラボラトリーズ、アッヴィ、ファイザー、メルク、サーモフィッシャーサイエンティフィック、イーライリリー、メドトロニック | 13.954 |
| 金融（Financials） | VFH（バンガード・ファイナンシャルズETF） | JPモルガン・チェース・アンド・カンパニー、バークシャー・ハサウェイ、バンク・オブ・アメリカ、ウェルズ・ファーゴ、シティグループ、ブラックロック、ザ・ゴールドマン・サックス・グループ、モルガン・スタンレー、チャールズ・シュワブ、アメリカン・エキスプレス | 9.841 |
| 情報技術（Information Technology） | VGT（バンガード・情報技術ETF） | アップル、マイクロソフト、エヌビディア、ビザ、マスターカード、ペイパル・ホールディングス、インテル、アドビ、セールスフォース・ドットコム、ブロードコム | 44.409 |
| コミュニケーションサービス（Communication Services） | VOX（バンガード・通信サービスETF） | フェイスブック、アルファベット、ウォルト・ディズニー・カンパニー、ベライゾン・コミュニケーションズ、コムキャスト、ネットフリックス、AT&T、チャーター・コミュニケーションズ、アクティビジョン・ブリザード | 3.802 |
| 公益事業（Utilities） | VPU（バンガード・ユーティリティーズETF） | ネクステラ・エナジー、デューク・エナジー、サザン、ドミニオン・エナジー、エクセロン、アメリカン・エレクトリック・パワー、センプラ・エナジー、エクセル・エナジー、エバーソース・エナジー、PSEG | 4.684 |
| 不動産（Real Estate） | VNQ（バンガード・リアルエステートETF） | Vanguard Real Estate II Inde x Fund、アメリカン・タワー、プロロジス、クラウン・キャッスル・インターナショナル、エクイニクス、デジタル・リアルティ・トラスト、サイモン・プロパティー・グループ、パブリック・ストレージ、SBAコミュニケーションズ、ウェルタワー | 36.771 |

この11のセクター分けは、ＧＩＣＳ（Global Industry Classification Standard）による産業別分類がベースになっています。そして、それぞれのセクターに特化したＥＴＦも販売されています。それぞれのセクターについて簡単に説明していきましょう。

## （1）エネルギーセクター

エクソンモービルやシェブロンなど、石油関連ビジネスをしている企業が属するセクターです。

このセクターに属する企業は、サウジアラビアやロシアといった石油産出国の政策などの影響を受けやすく、ボラティリティ（株価の動きの大きさ）は高めです。また、成熟している企業が多く、成長性はさほど高くありません。

## （2）素材セクター

特殊化学品、工業用ガス、包装紙、基礎科学品、肥料、鋼鉄、塗料といった産業素材等を提供している企業が属するセクターです。日本人には聞きなじみのない企業ばかりではないでしょうか。景気動向に敏感で、ボラティリティは高めです。

### （3）資本財セクター

航空、宇宙、防衛、鉄道、建設機械、重機などを取り扱っている企業が属するセクターです。一般消費者向けの製品をつくっている会社は少ないので、名前は聞いたことがあっても事業内容を知っている会社は少ないかもしれませんね。

### （4）一般消費財セクター

生活必需品ではないけれど、一般消費者向けの製品などを提供している会社が属するセクターです。ナイキやスターバックス、マクドナルドなど、聞き覚えのある企業の名前が多いですね。また、アマゾンやテスラ、ホーム・デポもこのセクターに属しています。生活必需品ではないので、景気が悪くなると業績が悪くなる傾向があります。

### （5）生活必需品セクター

P＆Gやウォルマート、コカ・コーラなど、日々の生活に密着した商品を提供している企業が属するセクターです。景気が悪くなってもニーズが減りにくいものを扱っているため不況に強く、高配当企業が多いので、ディフェンシブなセクターといえます。

## (6) ヘルスケアセクター

ジョンソン・エンド・ジョンソンやファイザーなど、医薬品や医療機器などを提供している企業が属するセクターです。どんなときでも医療は一定のニーズがありますから不況に強く、ボラティリティの低いセクターですね。直近10年ではS&P500を上回るパフォーマンスを出しており、配当も高めで人気があるセクターです。

## (7) 金融セクター

銀行、保険、投資銀行、証券会社などが属するセクターです。金利の影響を受けやすいセクターで、金利が低くなれば収益が低くなり、逆に金利が上昇すれば収益が高くなる傾向があります。景気に敏感に反応し、ボラティリティは高めです。

## (8) 情報技術セクター

表のなかでもっとも運用資産が多いセクターです。つまりたくさん買われているということですね。それもそのはず、アップルやマイクロソフトといった現代の米国経済を牽引《けんいん》するIT企業が含まれているからです。

過去10年間のパフォーマンスはS＆P500を大きく上回ります。その代わり、自社の成長にお金をかけているので株主への配当金などは少なく、インカムは期待できない企業が多いです。

## (9) コミュニケーションサービスセクター

もともと電気通信サービスセクターという名称でしたが、2018年に「コミュニケーションサービスセクター」に変更されました。

従来は携帯電話会社のAT＆Tやベライゾンなどが大きな比率を占めていましたが、フェイスブックやアルファベット（グーグル）、ディズニーなどが含まれるようになりました。オフェンシブな銘柄とディフェンシブな銘柄が交ざったセクターですね。

## (10) 公益事業セクター

電気、ガス、水道といった社会のインフラを担う事業を展開している企業が属するセクターです。当然、米国内のインフラを担っているわけですから、私たち日本人にはあまりなじみのない企業が名前を連ねていますね。

社会インフラなので不況に強く、ディフェンシブな銘柄が多いです。つまり、成長性よりインカムにフォーカスした投資になります。

### (11) 不動産セクター

米国内の不動産の売買、賃借などの事業を展開している企業が属するセクターです。金利や景気などの影響を受けやすいですね。ただ、不動産ＥＴＦは日本のネット証券会社だと買えない場合が多いので、このセクターはあまり投資の選択肢にはならないでしょう。

## 狙い目は「情報技術セクター」

この11のセクターのなかでＳ＆Ｐ５００以上のパフォーマンスを期待するべく、サテライト投資先として選べるのは**「情報技術セクター」**です。表で紹介したＥＴＦでいえば**「バンガード・米国情報技術ＥＴＦ（ＶＧＴ）」**がそれに該当します。

ＶＧＴの強みは、米国を代表する銘柄群を包含するＥＴＦであるということです。アップル、マイクロソフト、ビザ、マスターカード、アドビなどです。

米国企業は株価パフォーマンスに優れる企業が多いです。しかし、すべてのセクターにおいて強いわけではありません。たとえばエネルギーセクターなどはこの10年のリターンは大きくマイナス、銘柄によっては半値以下になっています。

それに対して、**情報技術セクターは2010年代を代表する企業群で占められており、当然リターンも優れます。とくにこの10年ほどのパフォーマンスはS&P500を大きく上回り、6倍以上に値上がりしています。**

もちろん、このデータは過去10年ほどのものであり、これからの10年間も同じように伸びていくという保証はできません。たとえば2000年代は中国株の時代で、ETFでも中国株を含んでいないとリターンが劣後するケースが多かったのです。

2010年代はまさにGAFAM（グーグル、アップル、フェイスブック、アマゾン、マイクロソフト）の時代で、これらの企業の株式を含んでいないと高パフォーマンスを出せない時代でした。

そして2020年代ですが、個人的にはこの傾向はまだ続くように思っています。

図表 3-02

## VGTとSPYのパフォーマンス比較
（2009年1月1日を基準にした成長率）

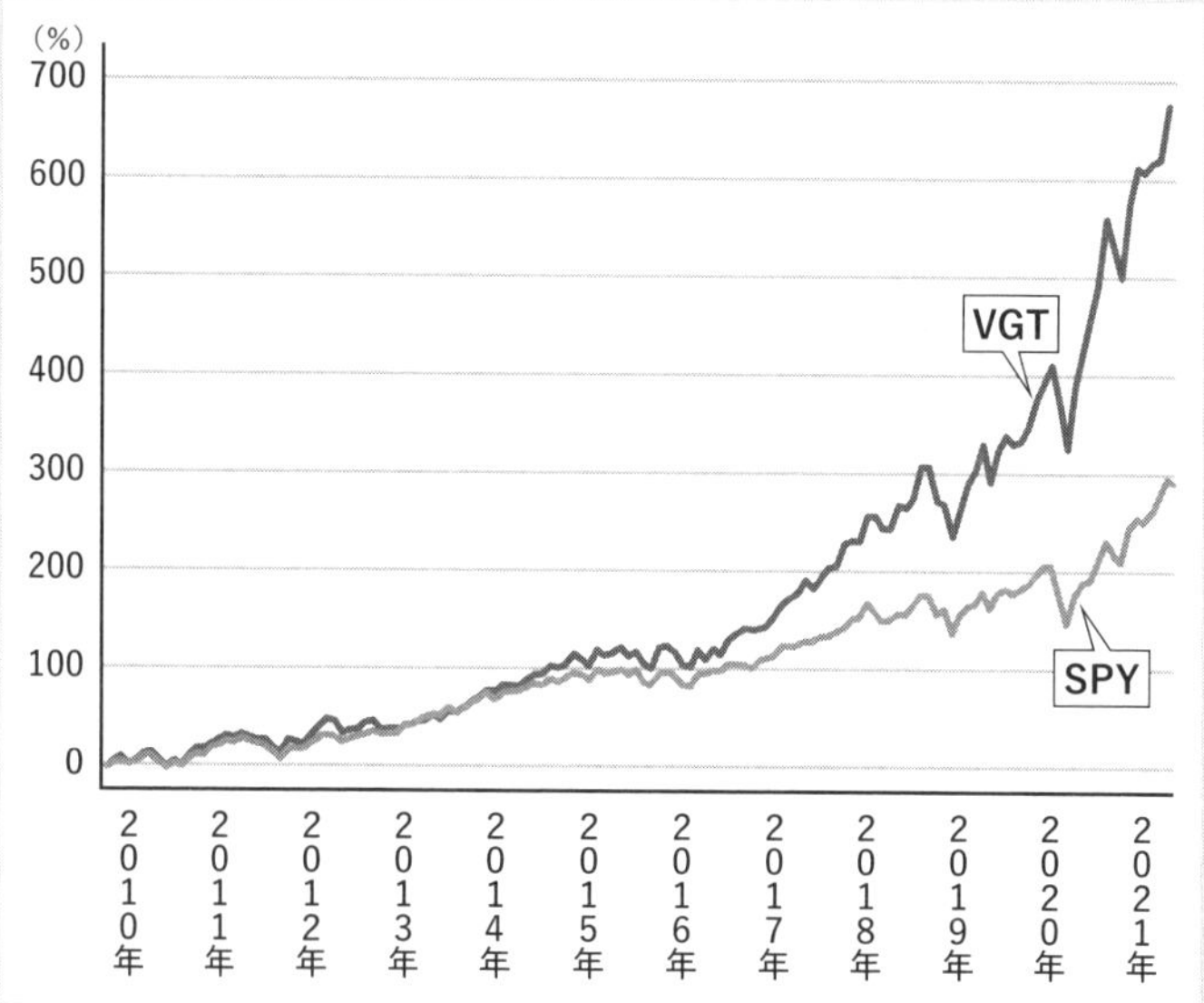


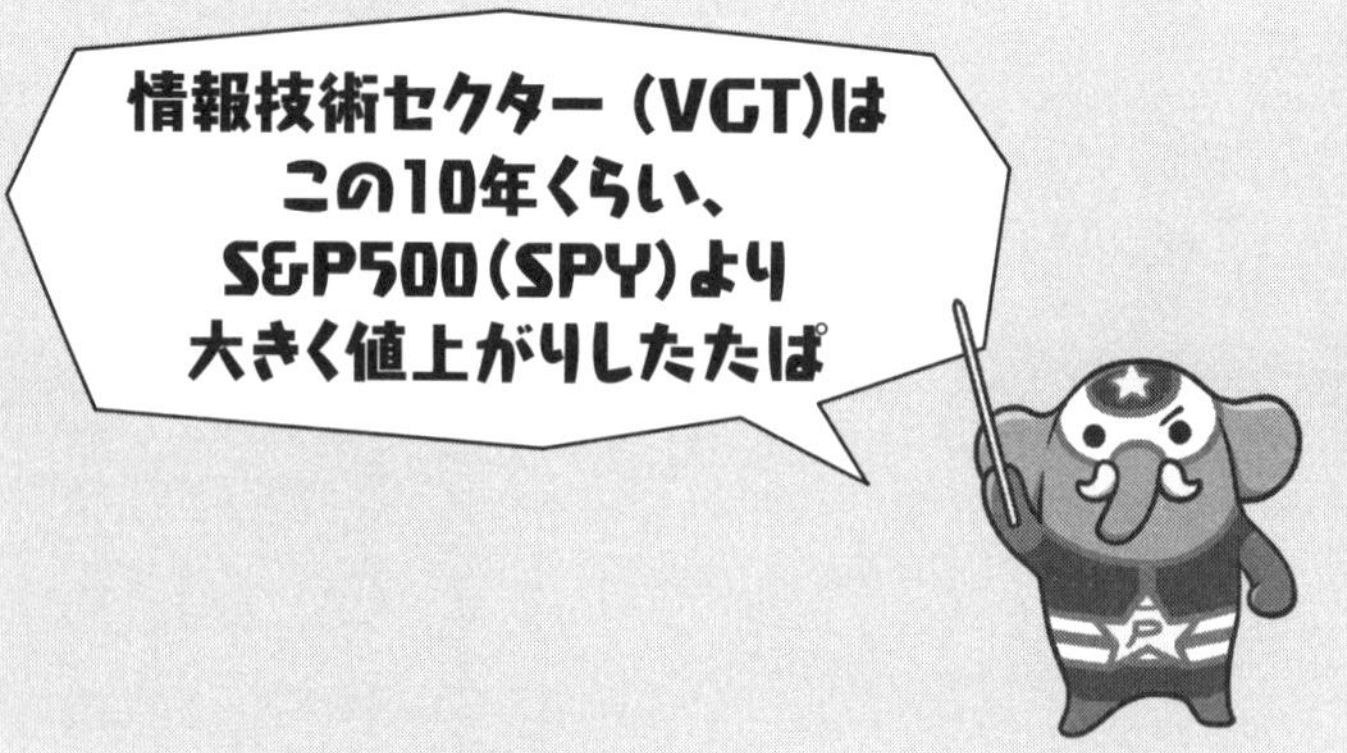

# NASDAQに連動するETFもオススメ

もう1つオススメしておきたいのが**QQQ（インベスコQQQ信託シリーズ1）**という銘柄です。運用しているのはインベスコ・パワーシェアーズ・キャピタル・マネジメントLLCで、同社のETFのなかではトップの運用総額を誇り、**世界のETFの運用総額でも5番目に位置します**。

QQQがベンチマーク（運用の指標）にしているのは「NASDAQ100指数」です。NASDAQは、平たく説明すると米国のベンチャー企業向けの株式市場です。**NASDAQ100指数とは、NASDAQに上場している有力企業（時価総額上位）100社の株価から算出される指数です**（ただし、金融セクターに属する会社は景気動向に左右されやすすぎるので外されています）。

なお、NASDAQの市場を表す株価指数には「NASDAQ総合指数」というものもありますが、これに連動しているETFはいまのところありません。VGTとQQQを比較した表を見てみましょう。

図表3-03

## VGTとQQQの比較

| | VGT（バンガード・米国情報技術セクターETF） | QQQ（インベスコQQQ信託シリーズ1） |
|---|---|---|
| 概要 | あらゆる時価総額規模のテクノロジー株のパフォーマンスに連動する投資成果を目指す | NASDAQ100指数に連動した投資成果を目指す |
| 総資産額（10億ドル） | 44.409 | 164.409 |
| 経費率 | 0.10% | 0.20% |
| 設定日 | 2004年1月26日 | 1999年3月10日 |
| 組入上位銘柄 | ●アップル（AAPL） 19.7%<br>●マイクロソフト（MSFT） 16.1%<br>●ビザ（V） 3.2%<br>●エヌビディア（NVDA） 3.1%<br>●マスターカード（MA） 3.0%<br>●ペイパル・ホールディングス（PYPL） 2.6%<br>●インテル（INTC） 2.5%<br>●アドビ（ADBE） 2.2%<br>●シスコシステムス（CSCO） 2.1%<br>●セールスフォース・ドットコム（CRM） 1.8% | ●アップル（AAPL） 11.13%<br>●マイクロソフト（MSFT） 9.71%<br>●アマゾン（AMZN） 8.65%<br>●アルファベット（GOOG） 3.99%<br>●フェイスブック（FB） 3.99%<br>●アルファベット（GOOGL） 3.62%<br>●テスラ（TSLA） 3.6%<br>●エヌビディア（NVDA） 2.81%<br>●ペイパル・ホールディングス（PYPL） 2.29%<br>●コムキャスト（CMCSA） 2.03% |

経費率（信託報酬等、買い手が負担しなければいけないコストの割合）はQQQのほうが高いですが、NASDAQ100指数に連動するETFのなかではコストが安めです。構成銘柄を見てみると、1位アップル、2位マイクロソフトというのは同じですが、QQQでは3位にアマゾンが入ってきます。

VGTは「情報技術セクター」というテーマなので、一般消費財セクターに分類されるアマゾンは入りません。対してQQQはGAFAMのすべての銘柄が組み込まれています。

これは、考えようによっては**「QQQのほうがGAFAMにかたよっている」**という捉え方もできます。ETFのなかでは分散性が低い銘柄ですが、だからこそ、この10年間で高いパフォーマンスを出せてきた……ともいえます。

**QQQは2010年には50ドルほどでしたが、2020年には250ドルを超えて5倍以上になっています**。分配金の利回りは1％未満なのでよくはありませんが、それでも2010年には0・1ドルくらいだったのが、2021年には0・4ドルくらいに伸びました。

VGTがいいか、それともQQQがいいか。このあたりは好みというか、個々人の考え方によるでしょう。ただ、S&P500連動ETFやVTIと同様に、QQQは投資信託でも買えます。**MAXISナスダック100上場投信【2631】**が、いまのところ円で買える最安の信託報酬です。日本円だけで米国株コア・サテライト投資をするならば、NASDAQに連動したQQQのほうが使い勝手がよいということになりますね。

## インカムを狙うならVYMを検討しよう

余談ですが、もしもあなたがすでに数千万から億を超える資産を有していて「キャピタルゲインの大きさよりも、安定して高配当を出してくれるETFがいい」ということであれば、**VYM（バンガード・米国高配当株式ETF）**はいかがでしょうか。

これは名前の通り、米国株のなかでも配当金の大きな株式をセレクトしたETFです。同じように高配当銘柄だけで構成されたETFはHDV（iシェアーズ・コア米国高配当株ETF）などがありますが、**VYMは手数料が安く、構成銘柄数も多いので分散効果が大きく、パフォーマンスも高いので、だれにでもオススメできる商品です。**

# 第4章

# 個別株投資の基本を勉強しよう

# 米国株は1株からでも購入できる

ここからいよいよ、個別株の買い方をレクチャーしていきます。まずは、米国株の個別株投資の基本的なところを学んでいきましょう。

まず、**日本株と米国株の違いの１つに、単元株制度の有無があります**。日本株は単元株制度を採用しているので１００株からしか買えないのですが、米国株は１株から買うことができるのです。

たとえばトヨタ自動車の株を買いたいと考えたとしましょう。トヨタ自動車の株価が８０００円だった場合、８０００円の現金があってもトヨタ自動車の株主にはなれません。単元株数が１００なので、トヨタ自動車の株を買うには「８０００円×１００株＝80万円」が必要になります。

しかし、米国の株式にはそういった単元の縛りがありません。たとえば、**アップルの株価が１３０ドルだったら、１３０ドル（１ドル＝１１０円で計算すると１万４３００円）あればアップルの株主になれるのです**。

日本株の場合、だれもが知っている有名企業の株主になるためには数十万円の元手が必要なことが多いですが、米国株だとアップルやマイクロソフトのような有名企業でも、数万円あれば株主になれます。このように、最初の敷居が低いのは米国株投資のいいところといえるかもしれませんね。

もっとも、すべての株が安く買いやすいわけではありません。たとえば、アマゾンなどは3000ドルを超えていますから、1株30万円以上となります。

それと注意点を1つ。**いくら米国株が1株から購入できるといっても、あまり少額な投資を何度も繰り返すのはオススメしません**。というのも、株式は買うときにも売るときにも証券会社に手数料を払わなければいけないからです。

一般的に、証券会社に支払う手数料は約定代金が少なければ少ないほど割高になります。手始めに数万円の投資を試してみるのはありですが、本格的に運用しようとするなら、ある程度まとまったお金を一括で動かしたほうが、手数料は割安になります。

また、売買のたびに譲渡益税がかかります。頻繁な売買が手数料、税金の面で不利なのは知っておきたいですね。

# 米国株にはストップ高とストップ安がない

投資をしたことがない人でも「ストップ高」「ストップ安」という言葉をニュースなどで聞いたことがある人は多いのではないでしょうか。これは、株価が短期間で急激な価格変動を起こさないように、証券取引所が一定以上の値段にならないようにしている仕組みです。日本の証券市場の場合、前日の終値などから制限値幅の範囲が決められます（ストップ高やストップ安になっても、取引自体は可能です）。

**米国のニューヨーク証券取引所やNASDAQには値幅制度という制度がありませんから、ストップ高やストップ安にはなりません。**そのぶんだけ、日本株よりも短期間で大きな利益を得ることもあるし、とんでもない損失を被ることもあります。

ただし、本当にすごい勢いで株価が下落した場合、取引所が一時的にすべての取引を強制停止することがあります。これを**「サーキットブレーカー制度」**といいます。

発動は３つのレベルに分けられ、それぞれの発動条件は次のとおりです。

●レベル1　S&P500が前日終値より7%下落した場合：15分間取引停止（現地取引時間9：30〜15：25）
●レベル2　S&P500が前日終値より13%下落した場合：15分間取引停止（現地取引時間9：30〜15：25）
●レベル3　S&P500が前日終値より20%下落した場合：終日取引停止（現地取引時間中）

# 米国株はティッカーシンボルで識別できる

日本株は株式を識別するときに「銘柄コード」という数字を用います。トヨタ自動車の場合は【7203】、ユニクロを展開するファーストリテイリングだったら【9983】といった具合です。

米国株の場合は、数字ではなくアルファベットで株式を識別します。アップルだったら【AAPL】、マイクロソフトだったら【MSFT】といった具合です。こうした識別コードのことを**「ティッカーシンボル（略してティッカー）」**といいます。

これはETFも同じです。VTIやSPYというのも、それぞれのETFのティッカーシンボルです。なお、日本の銘柄コードは一度決まると変わることがありませんが、ティッカーシンボルは会社名が変更されたりすると変更になることがたびたびあります。

# グーグルに2種類のティッカーがある理由

グーグル（社名はアルファベット）には2種類のティッカーシンボルがあります。【GOOG】と【GOOGL】です。これはグーグルの会社が2種類の株を発行していることを意味します。なにが違うのかというと、**【GOOG】は議決権のない株で、【GOOGL】は議決権のある株です。**

株式を買うとはその会社のオーナーになるということですから、会社の経営に口を出せるということです。実際に会社を経営するのは経営者ですが、株主はそれに賛成したり反対したりできます。この権利のことを「議決権」というのです。

といっても、保有する株の数が少ない個人投資家がそこまで経営に影響力を持つわけではありませんから、**グーグルの株を買う場合は【GOOG】【GOOGL】のどちらを選んでも問題ないでしょう**。株価などは【GOOG】でも【GOOGL】でもさほど変わりません。

これと同じように、ウォーレン・バフェットの会社バークシャー・ハサウェイにも【BRK‐A】【BRK‐B】という2種類の株式があります。【BRK‐B】のほうは、ほとんど議決権のない株です。

ただし、こちらは金額に大きな差があります。2021年4月時点では【BRK‐A】が1株だいたい40万ドル（1ドル＝110円だと4400万円）で、普通の人はまず手が出せません。普通の人が買えるのは【BRK‐B】のほうで、こちらがだいたい260ドルとなっています。

こんなふうに、議決権の有無などで株が2種類ある企業もあったりするということも、知識として覚えておくといいかもしれませんね。

# 米国株は配当金が多め

次に配当について説明しましょう。企業のビジネスが好調で、利益が出た場合、その利益の一部を株主に還元します。これが配当金です。**米国企業は日本企業と比べると配当金を多く出す傾向があります**。これは米国の場合、「会社はお金を出してくれた株主のもの」という認識が広くあるためです。

配当金が多いか少ないかは、**「配当利回り」**でチェックできます。配当利回りは「1株あたりの配当金額（DPS）÷株価」で計算できます。たとえば、1株100ドルで購入した株式が年間1ドルの配当金を出してくれる場合、配当利回りは1％となります。

米国株の人気を左右するポイントの1つに**「連続増配実績」**とよばれるものがあります。配当金は、当たり前ですが企業のビジネスがうまくいっていないと払うことができませんよね。そして、その年のビジネスがうまくいった場合は、前の年よりも配当金をたくさん払うことができます。このように、**前回よりも配当金の支払額が増えることを「増配」**

**といいます**。

「連続増配実績」というのは、この増配をどれだけ連続で達成したかということです。たとえば、増配を25年以上続けている企業は「配当貴族」とよばれ、50年以上続けている企業は「配当王」とよばれたりします。

それだけビジネスがずっとうまくいっていて、しかも株主のことを大事にしてくれる会社である証……ということです。

**米国には連続増配を25年以上続けている企業が100社以上あります**。日本はというと、「花王」の1社しかありません。

## 成長企業は配当金を出さないこともある

もちろん、米国企業だからといって、すべての企業が配当金をたくさん出すわけではありません。まったく配当金を出さない企業もあります。**配当金を出さない企業の筆頭がグーグル、フェイスブック、アマゾンです**。配当を払わないといっても、これらの会社の業績や資金繰りが悪いとか、そういうことではありません。これらの企業は自分たちのビジネスをさらに加速させるために、利益をどんどん成長分野への投資に回しているのです。

また、アップルやマイクロソフトはいちおう配当金を出していますが、１％程度と控えめです。これも、いまはまだ株主に利益を還元するよりも、自分たちをさらに成長させるためにお金を使いたいということの表れです。

逆に、**歴史が長くてビジネスが成熟している会社は配当金を多めに出す傾向があります**。石油関連事業のエクソンモービル、コカ・コーラ、ＩＢＭ、タバコのフィリップモリスインターナショナルなどは高配当銘柄です。

これらの会社はＧＡＦＡＭのように大きな成長は期待できないかもしれませんが、安定した業績と高い配当金で株主たちをひきつけているのです。

## 配当金は多いほうがいい？

配当金が多い銘柄と少ない銘柄のどちらがいいのかは、ケースバイケースです。

一般的な話をすると、**景気がよくてどの企業の株価も上昇傾向にある（「ブル相場」といいます）場合は、配当金が少なくて自社にたくさん投資している企業のほうが伸びやすくなります**。

第3章で説明しましたが、配当金が多めの企業は景気の変動に左右されにくい（ボラティリティの低い）企業が多いです。不況に強いということは、好況のときに業績がアップしにくいということでもあるので、市場の平均的な成長よりも株価の上昇が鈍化してしまうことがあります。

反対に、**景気が後退局面にあり、どの企業の業績も下がりがち（「ベア相場」といいます）な場合は、配当金をたくさん出してくれる企業の株のほうが好まれます**。

配当金をまったく出さない企業の株式を持っていた場合、株価の下落がダイレクトに損失になってしまいますが、配当金をたくさん出してくれる企業だと、多少株価が下落しても配当金がその損失を埋め合わせてくれるからです。また、配当金を多く出す企業はそもそも不況に強いことが多いので、株価自体も下がりにくいです。

ただし、過信は禁物です。本当に業績が悪くなると配当金を減らす（減配）という措置が取られることもあります。**配当金が多い企業だから、不況に強いセクターだからといって景気が悪くなっても絶対安心、とはいえません。**

## 配当利回りはどのくらい重視するべきか

なお、安易に配当利回りの高い企業を選ぶのも考えものです。すでに説明したように、配当利回りは「1株あたりの配当金額（DPS）÷株価」で計算できます。ということは、**配当利回りが増えるのは（1）配当金が増えたケース、だけではなく（2）株価が下がったケース、も考えられるのです。**

もし（2）の場合、そのあとで株価が上昇に転じればいいのですが、そのままズルズルと株価が下がり続けた場合は減配になるということも考えられます。株価も下がるし、配当金も減らされるという最悪のパターンですね。

余談ですが、**米国株には「株主優待」はありません。**株主優待というのは、株主に対して特別に商品を送ったり、割引をしたりしてくれる制度のことです。

たとえば、オリエンタルランドの株式を買うと、東京ディズニーランドか東京ディズニーシーの1《ワン》デーパスポートがもらえたりします。鉄道会社や飲食チェーン経営の会社なども、割引券をくれたりしますよね。日本の個人投資家だと、こうした株主優待制度を目当てに株を買っている人も少なくありません。

**米国企業は「株主にはお金で還元する」というスタンスが明確です**。株主優待をするというのは、言い方を変えれば、その分だけ配当金を減らすという側面があるのです。米国株には株主優待制度はありませんが、その分だけ配当金というかたちでしっかり還元してくれると考えて問題ありません。

その意味では、優待品を受け取れない海外投資家の存在も意識した、シンプルな配当方針といってよいでしょう。逆にいえば、日本企業がよくやる株主優待という制度は、日本人が株を買ってくれるからこそ実行できる施策とも考えられますね。

# 証券会社は取扱銘柄もチェックする

投資を行う場合は証券会社に口座を開く必要があります。第2章でも説明しましたが、投資ではいかに手数料を安く抑えるかが重要ですので、なにか特別な理由があるのでなければ、手数料の安いネット証券から選ぶのがいいと思います。

**ネット証券の場合、手数料はあまり変わりませんが、取り扱っている銘柄には差がありますので、選ぶときには留意しましょう。**初心者の人が最初からマニアックな小型株（時価総額が小さく、値動きが激しい）を買うのはオススメしませんが、のちのちいろいろな株を買ってみたいということであれば、幅広い銘柄を扱っている証券会社のほうがいいかもしれませんね。

**たぱぞう的には「楽天証券」「SBI証券」「マネックス証券」あたりから選べば問題ないと思います。**

また、マネックス証券は24時間注文が可能なほか、逆指値注文やトレールストップ注文、OCO注文など、玄人《くろうと》向けの注文方法にも対応しています。初心者の人はとくに触る必要はありませんが、好きな人は好きな注文です。

# 株式の分析手法は2種類に大別される

さて、個別株を購入する場合、当然ながらその企業についていろいろ調べてから買います。その分析手法は、**「ファンダメンタルズ分析」**と**「テクニカル分析」**の2つに大別できます。

ファンダメンタルズ分析とは、経済の動向や企業が発表する決算などからその企業がこれから成長するかどうかを判断する方法です。**たぱぞうとしては、テクニカル分析よりもファンダメンタルズ分析に重きをおいたほうがいいと思うので、ファンダメンタルズ分析については次の章でしっかり紹介していきます**。

一方、テクニカル分析は株価のチャートを見て、これから株価が上がるか下がるか、いまはどういう状況なのかを判断する手法です。毎月一定額をコツコツ積み立てる長期積立投資をするのであればチャートを読めるようになる必要はありませんが、キャピタルゲインを狙って個別株を買う場合は、どのタイミングで買うか、どのタイミングで売るかが重要になってきますので、最低限のチャートの読み方は知っておいてもよいでしょう。

テクニカル分析にはほんとうにいろいろな手法がありますが、あまり突っ込みすぎず、基本的なチャートの見方だけを理解していれば十分だと思います。あくまでファンダメンタルズの補助です。

## ローソク足の基本的な読み方

証券会社などで株式を検索すると、必ずチャートが出てきます。もっともよく目にするのは、**ローソク足チャート**とよばれるものでしょう。図のように、ロウソクのような形をしています。これの見方をレクチャーしますね。

白いローソクは「陽線《ようせん》」といい、黒いローソクは「陰線《いんせん》」といいます。ローソク1本が1時間とか1日の時間を表します。**その期間の始値よりも終値のほうが高くなったら陽線になり、始値よりも終値が安くなったら陰線になります**。

図表 4-01

## 2種類のローソク足

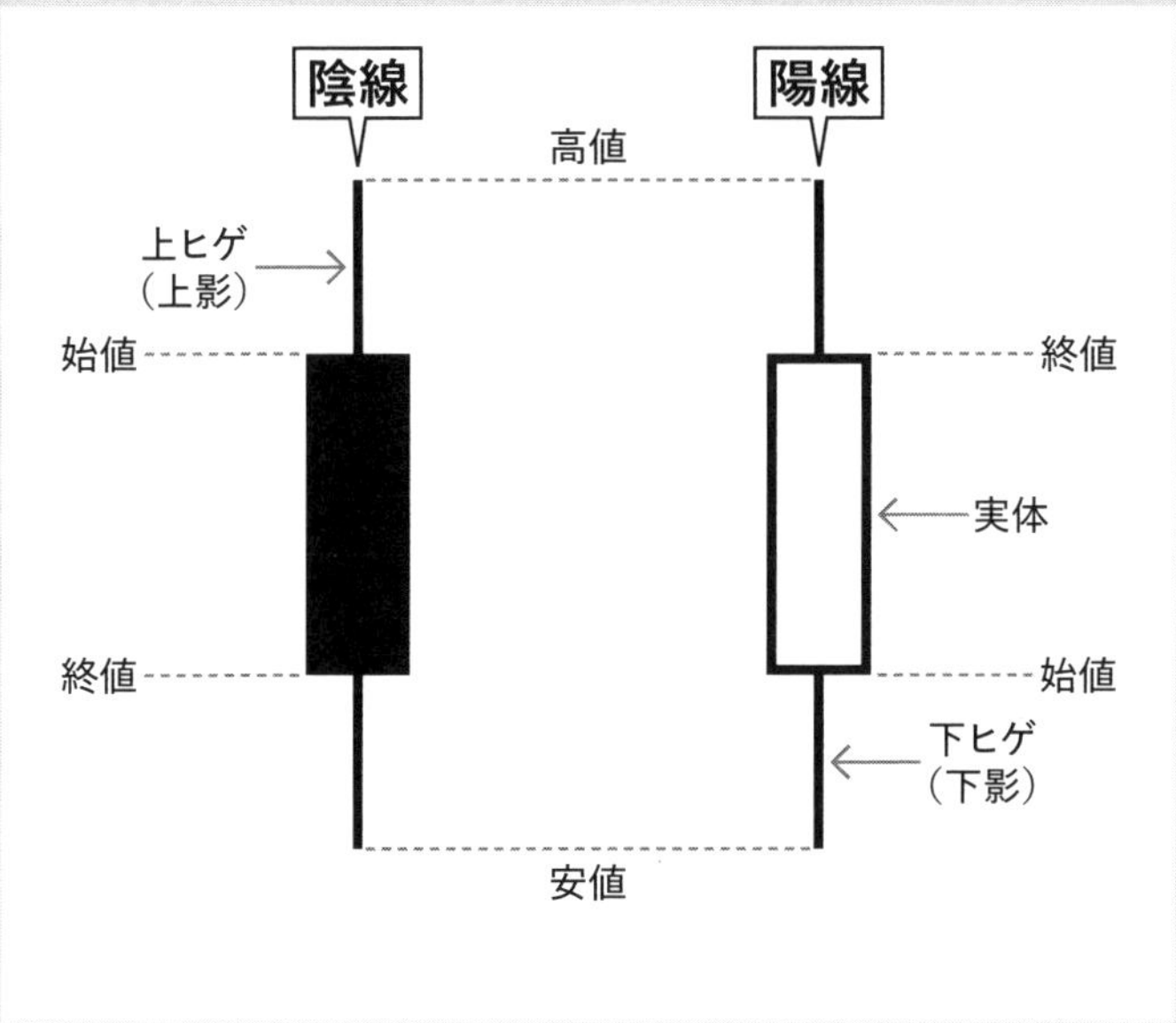


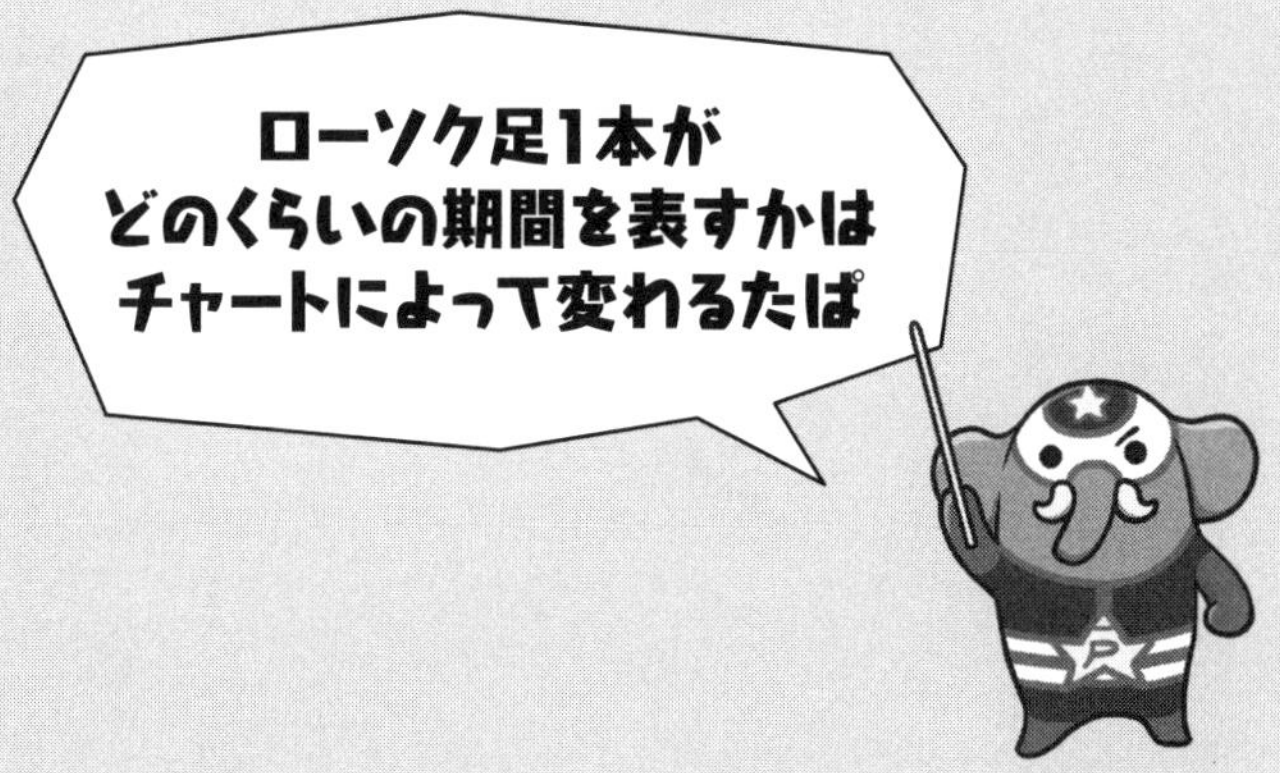

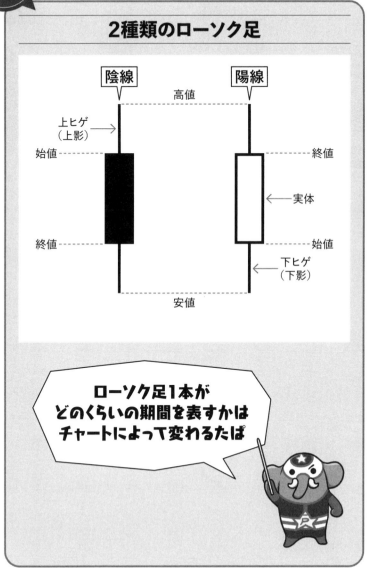

**ローソクが長ければ長いほど、その期間内の値動きが激しかったことを意味します**。

ローソク足1つ分の期間は、チャートによって違いますから注意してください。「日足チャート」の場合はローソク1つが1日の値動きを表します。「週足チャート」だと、ローソク1本が1週間の値動きです。「月足チャート」だとローソク1本が1か月の値動きとなります。もっと細かいものだと「5分足チャート」とか「10分足チャート」というものもあったりします。

# 株価のトレンドを知るための2つのライン

次に覚えておきたいのが **「サポートライン」** と **「レジスタンスライン」** です。この2つをあわせて **「トレンドライン」** とよぶこともあります。

短期及び中期投資でキャピタルゲインを狙うのは「うねりとり」といいます。試しにいくつか企業の株価チャートを見てもらえばわかると思いますが、株価が上昇している銘柄であっても、つねに一直線で右肩上がりをしているものはまずありません。小刻みに上がったり下がったりを繰り返しながら、少しずつ上昇していっている（あるいは下降していっている）はずです。

つまり、株価というのはどんなときもうねりながら上がったり下がったりを繰り返しているわけです。

初心者さんの場合は下落し続けている株が反転して上昇するタイミングを狙って買うよりも、すでに上昇トレンドにある株を比較的安いタイミングで買うほうがいいのではないかと思います。そこで、**「比較的安いタイミング」がいつなのかを測るときに使うのがサポートラインです**。

サポートラインは「下値《したね》支持線」ともいい、「これよりも株価は下がらないだろうと予測できるポイント」を示したものです。サポートラインは自分でひくもので、直近の安値を直線で結びます。

水平に引くことが多いですが、明らかに上昇トレンド（あるいは下降トレンド）にある株だとサポートラインが斜めになることもあります。

図表4-02

## トレンドラインの基本的な読み取り方

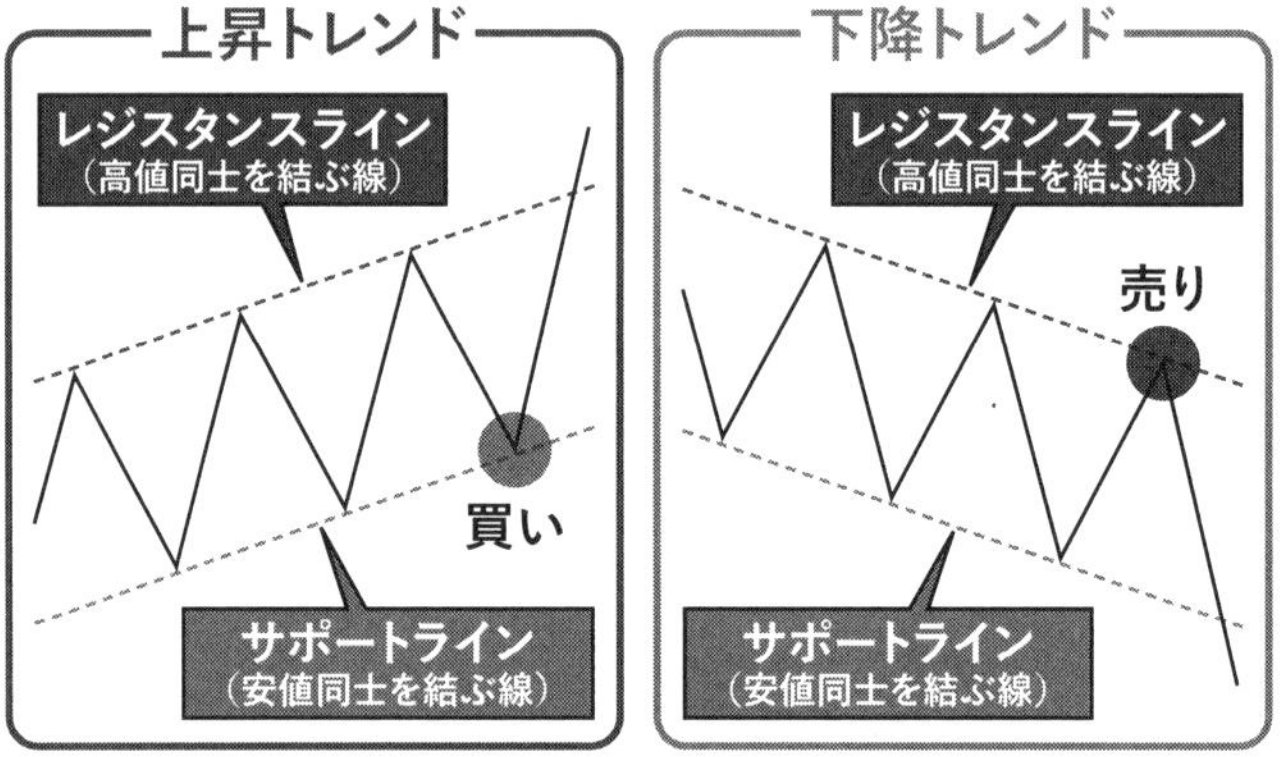


## アップルの株価チャート

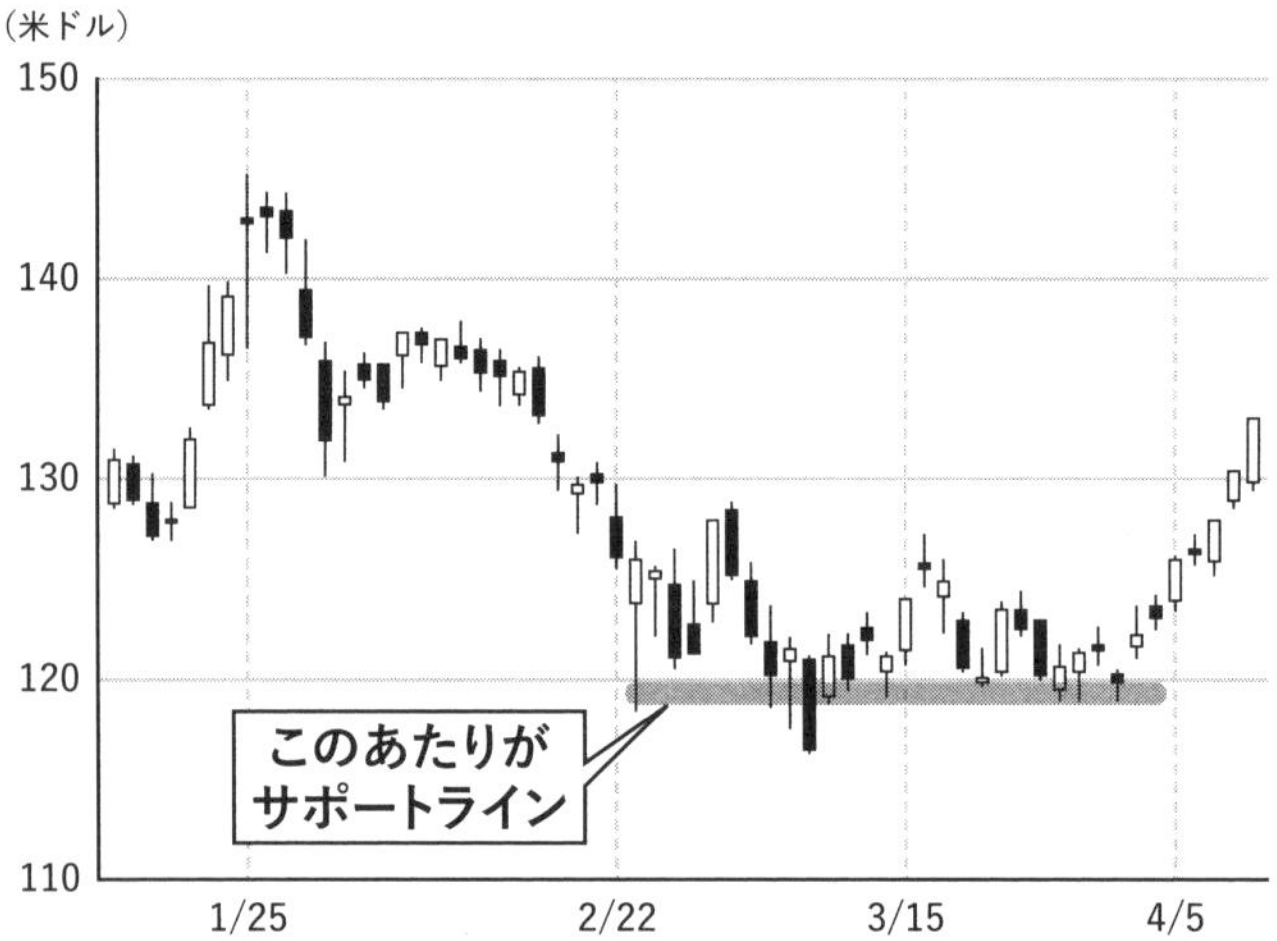

初心者の方がサポートラインを引こうとしても、どうやって引けばいいのかわからないことがあるでしょう。ローソク足の胴体の部分で引けばいいのか、それともヒゲの部分で引けばいいのか、などですね。

でも、そんなに難しく考える必要はありません。**サポートラインは「だいたいの値段」がわかればいいもので、明確なポイントではないのです**。「だいたいここだな」というところを見つけて、そこに直線を引けば、立派なサポートラインです。3つの安値を結んだ直線が理想ですが、2つの安値でも問題ありません。

たとえば前ページの下に示したのは、アップル【AAPL】の3か月のローソク足チャートです。2月下旬～4月上旬までの期間はだいたい120ドルあたりがサポートラインですね。これを見ると、株価が120ドルくらいになったときに買えばいいのではないか……と考えられるわけです。

サポートラインとは逆に、「株価がこれ以上は上がらないんじゃないか」と考えられる基準を示す線が**「レジスタンスライン（上値《うわね》抵抗線）」**です。サポートラインとは逆に、直近の高値を結んだ線です。

先のアップルのチャートでいうと、２月下旬〜４月上旬では１２７ドルあたりがレジスタンスラインといえそうですね。

# トレンドラインは刻一刻と変化する

そしてここがちょっと難しいところですが、**サポートラインとレジスタンスラインは株価の状況によって変わっていきます**。当然ながら、株価がサポートラインよりも下回ることがあるし、レジスタンスラインよりも上回ることもあります。

さきほどのアップルのチャートをもう一度見てみましょう。１月下旬〜２月中旬のサポートラインは１２７ドルくらいですが、２月22日あたりでサポートラインを割り込んで下回ってしまっています。

すると、２月下旬〜４月上旬には、サポートラインだったこの１２７ドルがレジスタンスラインに変わってしまうのです。このように、**株価がラインを突破して動くと、サポートラインやレジスタンスラインの役割が逆転することはよくあります**。

図表 4-03

## アップルの株価チャート

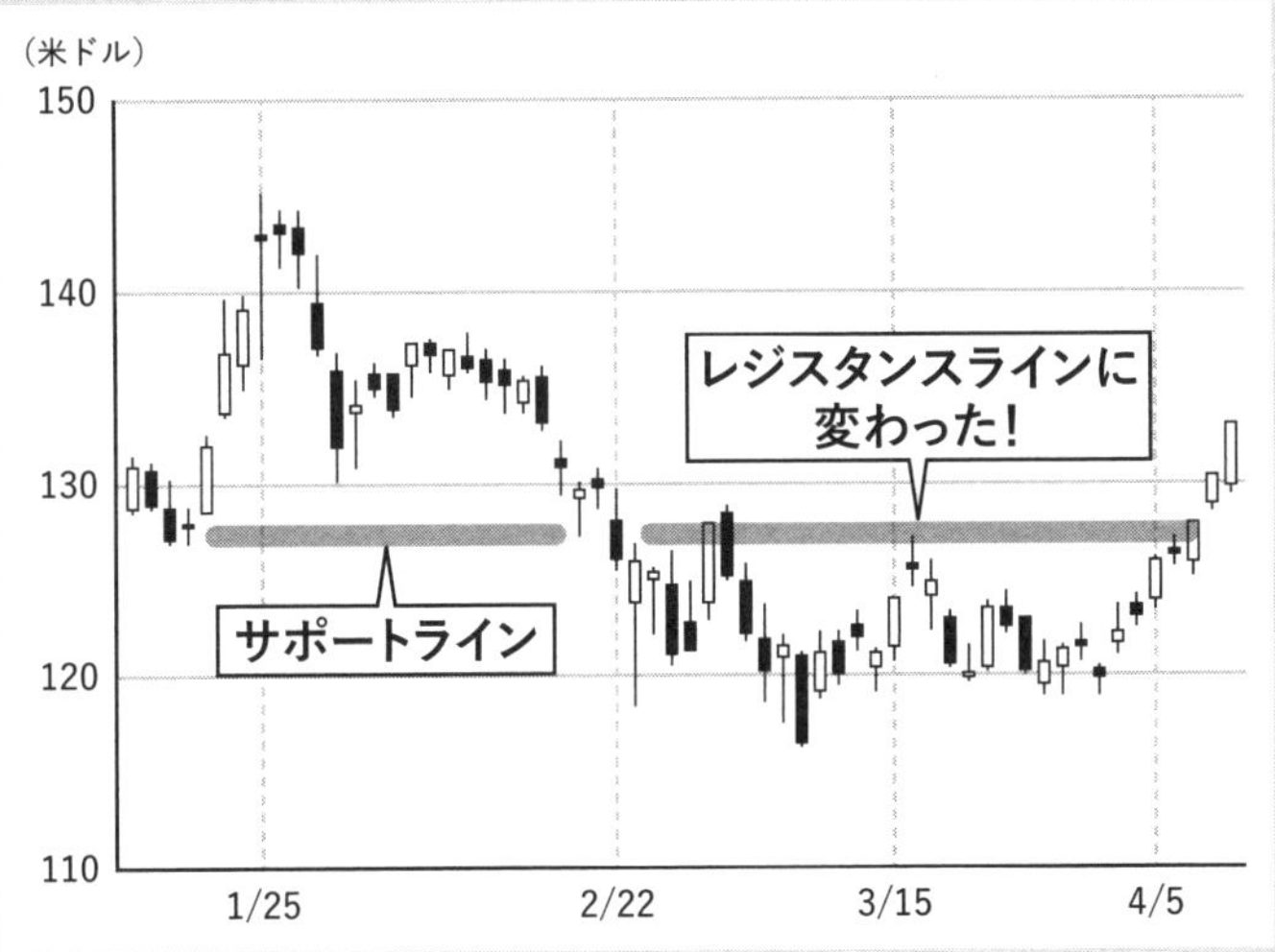


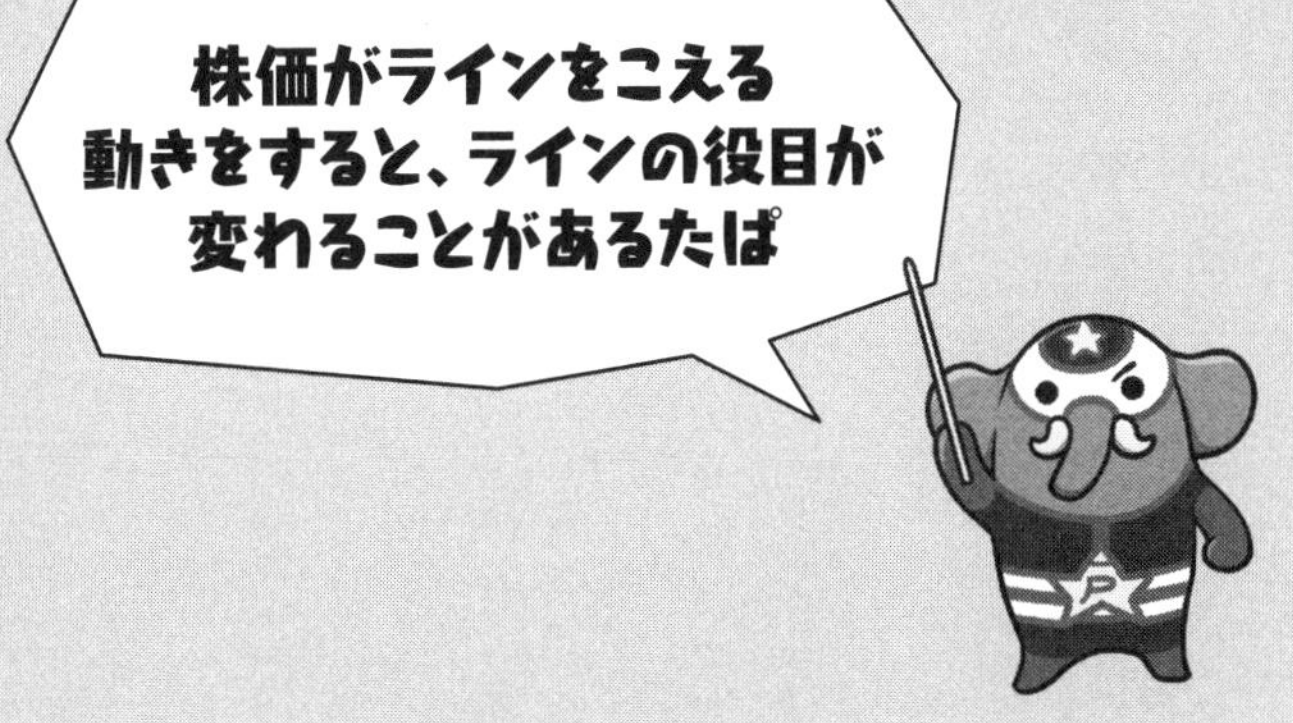

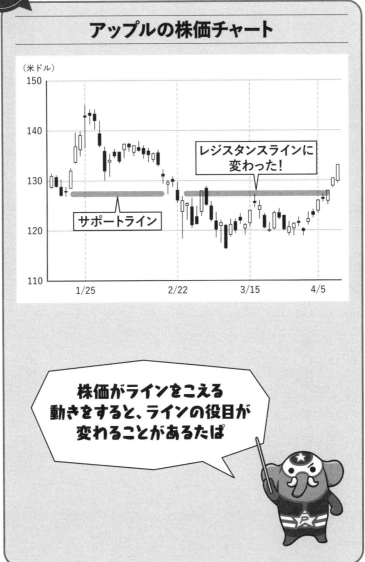

短期投資は株をずっと持ち続ける投資方法ではなく、シンプルに「安いときに買って、高いときに売る」を繰り返す手法です。そのため、トレンドラインを自分で描きながら、「この値段になったら買い」「この値段になったら売り」という判断基準を設けるのに使うといいでしょう。

なお、どのくらいの期間のチャートを見ればいいのかは、投資スタイルによって変わります。短期投資は大きく3つに分類できます。**「デイトレード」「スイングトレード」「ポジショントレード」**です。これは買った株をどのくらい保有し続けるかで変わります。

デイトレードは同じ日に売買しますので、長く保有しても数時間程度です。せわしないですね。スイングトレードは数日〜数週間で売買します。ポジショントレードは数週間〜数か月で売買するスタイルです。

デイトレードは仕事をしながらではとても無理だと思いますが、**スイングトレードにしてもポジショントレードにしても、長期投資よりはるかにチャートをチェックしたりする手間ひまがかかります**。チャートは勉強すればするほどチェックする項目が増えていくものですが、手始めとしてはトレンドラインの概念だけ押さえておけばＯＫでしょう。

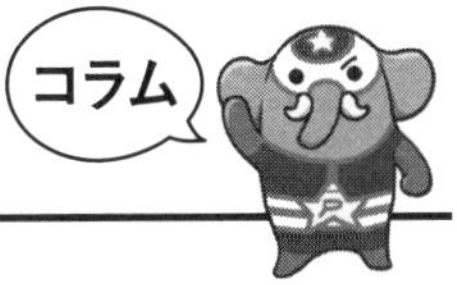


# グランビルの法則

米国株投資と相性のいいテクニカル分析の手法に**「グランビルの法則」**というものがありますので、これも紹介しておきます。これは米国のチャート分析家ジョゼフ・Ｅ・グランビル氏が考案した、移動平均線と株価の乖離《かいり》具合などから、株価の先行きを判断する株式投資理論です。

**移動平均線とは過去の一定期間の株価の平均値を連続して計算し、これをグラフ化したものです**。たとえば、過去５日間の平均値から計算するなら「５日移動平均線」となります。グランビルの法則で使うのは「２００日移動平均線」です。つまり、過去２００日分の平均値の推移を表したグラフを使うということですね。

次のページの図を見てもらえばわかりますが、株価チャートと２００日移動平均線の位置から、４つの買いどき、４つの売りどきがわかります。

グランビルの法則で難しいのは、ズバリ売りのタイミングです。たとえば日経平均やＴＯＰＩＸ、あるいは日本株であれば、売りのタイミングを踏まえた売買が必要になります。

図表 4-04

## グランビルの法則

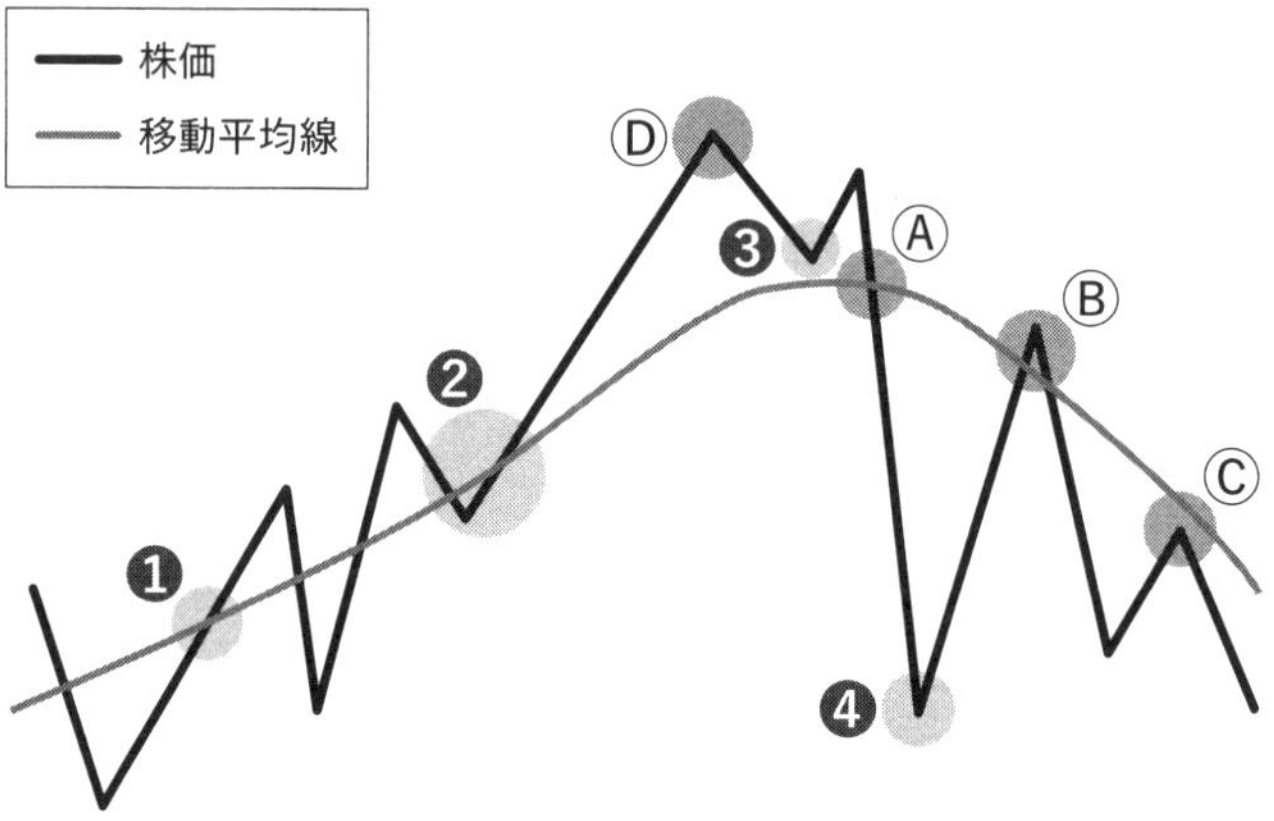


### 買い

❶移動平均線が上向きになりつつ、株価が下から上に抜けた場合
❷移動平均線が上昇中で、株価が上がって
移動平均線を上回ったあと、再度下回った場合
❸上昇中の移動平均線に向かって株価が下がって、
移動平均線の手前で株価が上がった場合
❹株価が移動平均線から大きく下に乖離した場合

### 売り

Ⓐ移動平均線が下向きになりつつ、株価が上から下に抜けた場合
Ⓑ移動平均線が下降中で、株価が下がって
移動平均線を下回ったあと、再度上回った場合
Ⓒ下降中の移動平均線に向かって株価が上がって、
移動平均線の手前で株価が下がった場合
Ⓓ株価が上昇中の移動平均線から大きく乖離した場合

それはなぜかというと、日本の株式市場の場合は右肩上がりではなく、うねりがあるからですね。うねりはどうしてもその時々の需給に応じたトレンドがあるため、トレンドを読み間違えると損失を被ることになります。単純な買いより難しいですね。

しかし、米国株一本だとあまり売りを意識しなくてよいので、グランビルの法則のデメリットがあまり気にならなくなります。とくに米国株指数はそうです。理由は長期で上がり続けるからです。右肩上がりだからですね。

つまり、200日線にタッチしたら買いというシンプルな目線です。すると、**意識するのは買いのタイミングだけでよいことになります。それは図でいうところの❶❷❸のタイミングです。**

トレンドラインに慣れたら、200日移動平均線とグランビルの法則も意識してチャートを見てみてはいかがでしょうか。

おまけコラム

# 投資の格言集

## 「アタマとシッポはくれてやれ」

保有している株が値上がりすると、一番値上がりするところ(天井)まで保有していたくなりますが、そうすると逆に値段が下がり始めてしまうことはよくあります。欲張らず、適度なところで売って利益を確定させなさいという戒めです。

## 「見切り千両」

上がると思って買った株が、想定外に下がってしまったら損失覚悟でさっさと見切って売ってしまいなさいという格言です。下がり続ける株をだらだら持ち続けているとどんどん損失が膨らみます。

## 「休むも相場」

市場の動きがどうなるかわからないときは、下手に売ったり買ったりせず、なにもしないで傍観するのも立派な投資手段の1つ。いたずらに売り買いをしてはいけません。

## 「人の行く 裏に道あり 花の山」

花見をするとき、みんなが集まる人気の場所に行ってもゆっくり花見はできません。投資も同じように、ほかの人と同じことをやっていても大勝はできない。ほかの人がやらない、他人と逆のことをやってみるとトクをすることがあるという格言です。

## 「相場は相場に聞け」

株価の動きにはいろいろな要素が絡み合っていて、いろいろな人が意見をいいますが、だれも正確に相場の動きを知ることはできません。そういったことにいちいち反応しすぎず、相場を見て判断しましょうという格言です。

## 「もうはまだなり まだはもうなり」

株価は「まだ上がるだろう」と思ったときには「もう上がらない」ものですし、「もう下がらないだろう」と思ったときには「まだ下がる」ものです。自分の思い込み、希望的観測で判断してはいけません。

第5章

# ファンダメンタルズ分析を身につけよう

# ファンダメンタルズ分析とはなにか

前章ではテクニカル分析の基本的なところを説明しました。テクニカル分析はチャート分析をして、チャートの上下動や出来高から割安、割高を判断して売買するときに使う手法です。**テクニカル分析に入る前に、どの企業の株価を買おうか検討するときに必要不可欠なのが、この章で説明するファンダメンタルズ分析です**。

ファンダメンタルズは「基礎」「土台」という意味です。つまり、その企業がそもそもどういうビジネスを展開しているのか、あるいはこれから展開しようとしているのか、財務状況はどうなっているのか、最近の業績は好調か……などから、その企業の株式を買うかどうか判断する手法です。

また、ファンダメンタルズ分析では単に企業単体での業績等だけではなく、もっとマクロな視点での情報も判断材料に加味します。米国経済全体の動向とか、政策金利とか、業界のトレンドなどです。

あるいは石油関連事業を展開している企業なら、国際原油価格の動向もチェックする必要がありますよね。ファンダメンタルズ分析も楽しくなり、のめり込むとチェックする項目が際限なく増えていきます。本書では必要最低限の項目に絞って説明していきます。

## 損益計算書（PL）でチェックすること

　ファンダメンタルズ分析では、企業の決算書を見ていきます。決算書は**「損益計算書」「貸借対照表」「キャッシュフロー（CF）計算書」**の3つです。日本語版のYahoo！ファイナンスでティッカーシンボルを入力すれば見ることができますが、日本語版は簡易的なものなので、情報量がちょっと足りません。英語版のYahoo！ファイナンス(https://finance.yahoo.com/) からチェックしたほうがいいでしょう。

　当然、すべて英語で書かれていますが、英語の苦手な人でもブラウザの翻訳機能を使えばだいたいわかるかと思います。もっとも、見るべき項目や用語を知ってしまえば、それほどハードルの高い作業ではありません。

まずは損益計算書から。損益計算書は「Profit and Loss Statement」というのでPLと略されます（ただし、英語版のＹａｈｏｏ！ファイナンスでは「Income Statement」と表示されます）。ＰＬには、その会社の売上や費用、利益などが書かれているので、ＰＬを見れば「その会社がどのくらい儲けたか」がわかります。

まず重視するべきは**「売上高」**です。年度ごとのＰＬを見て、順調に売上高が増えているかどうかをチェックしましょう。売上高が長期で横ばいだったり、減っていたりする企業だと、株を購入するためには「なにか強い材料」がほしいところです。

次にチェックするのは**「営業利益率」**です。営業利益率は「営業利益÷売上高×１００」で計算できます。

営業利益というのは、その会社が本業で得た利益のことです。「本業以外の利益ってなんだ？」と思う人がいるかもしれませんが、大きな会社だと、たとえば自社が所有しているビルをほかの会社に貸し出して賃料収益を得ているところもあったりしますよね。でもこれは本業のビジネスではないので、こうした賃料収益は営業収益には含まれません。つまり営業利益率というのは、売上高のうち、本業でどれくらい儲けたのかを示しているのです。

**合格ラインは20%です。営業利益率が20%もあれば優等生ですね。**

とはいえ、この基準は絶対的なものではありません。営業利益率は業種によって差が出やすいからです。

たとえば、GAFAMの一角であるアマゾンは営業利益率が5%くらいしかありません。これはアマゾンが小売業で、そもそもいろいろなコストが発生しやすいビジネスをしているからです。アマゾンは営業利益率よりもキャッシュフロー（後述します）を重視する経営をしていることも理由にあります。

営業利益率は高いほうがいいですが、低いからといって絶対ダメだというわけでもないのです。

しかし、**営業利益率が高い会社はなんらかの経済的な濠《ほり》を持っている、つまりビジネス上の強みを持っていることが多いので、チェックしたい項目です。**

この営業利益率に加えて、営業利益が増え続けている企業は持続可能なビジネスモデルを持っている企業と判断できる可能性が高いことになります。

## EPSと「自社株買い」を調べよう

次にチェックしておきたいのがEPSです。これは**「1株あたりの当期純利益」**です。当期純利益というのは、その期間中に企業が叩き出した売上からすべての費用や税金などを差し引いた最終的な利益のことです。

EPSは「当期純利益÷発行済株式総数」で計算できます。ただ、英語版のYahoo!ファイナンスにはだいたいPLにEPSが記載されていますから、これはいちいち自分で計算する必要はありません。

EPSは高いほど優秀ですが、重視したいのは高いか低いかということよりも**「右肩上がりでEPSが増えているかどうか」**です。

EPSを増やす方法は2つしかありません。「利益を増やす」か「株式の数を減らす」かのどちらかです。利益を増やすというのはわかりやすいですが、「株式の数を減らす」というのがどういうことかを説明しますね。

企業が株式を発行するのはお金を集めるためです。そして、株式を買ってくれた（出資してくれた）人たちに、利益の一部を還元します。

でも、株式がたくさんあるということは、それだけたくさんの出資者がいるということです。そのため、**株式がたくさんあると、株主にとって1株あたりの利益が減ってしまうのです**。

たとえば、A社が1万株を発行し、1人1株しか保有できないというルールだった場合、A社の株式を持っている人は配当金の1万分の1しかゲットできません。でももし、A社が1000株しか発行しなかったら、配当金の割合は1000分の1になります。

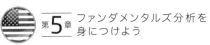

A社の利益と配当金が同じだったら、株式の発行数は少ないほうが、株主にとってはおいしいのです。

ということで、もう1つチェックしたいのは**「定期的に自社株買いをしているかどうか」**という点です。自社株買いとは、言葉通りですが、会社が一度発行した株式を自分で買い戻し、株式市場で流通している株式の量を減らすということです。

前述の通り、市場に流通する株式の数が減ればEPSが高くなります。そのため、自社株買いを定期的に行っている会社は、株主を大事にする会社であると考えることができるわけですね。

また、**自社株買いをやると、株価が値上がりする傾向があります**。米国企業は株主を大事にする土壌があるので、毎年のように自社株買いをしている企業も少なくありません。たぱぞうは**「10年で最低1割くらいの割合で自社株買いをしているかどうか」**で判断しています。

では、自分が目星をつけた企業が自社株買いをしているかどうかは、どうやって調べればいいのでしょうか。これは決算書を見ても書いていないことが多いので、別の方法で調べる必要があります。

調べる方法はいろいろありますが、Macrotrends（マクロトレンズ）というサイトが便利です（https://www.macrotrends.net）。

このURLにアクセスして調べたい企業の名前やティッカーシンボルを入力しましょう。そうすると、発行済株式の総数と前期からの増減比を表すグラフが出てきます。

アップル【AAPL】でやると、次のようなグラフになります（2021年4月時点）。

図表5-01

## アップルの発行済株式総数の推移

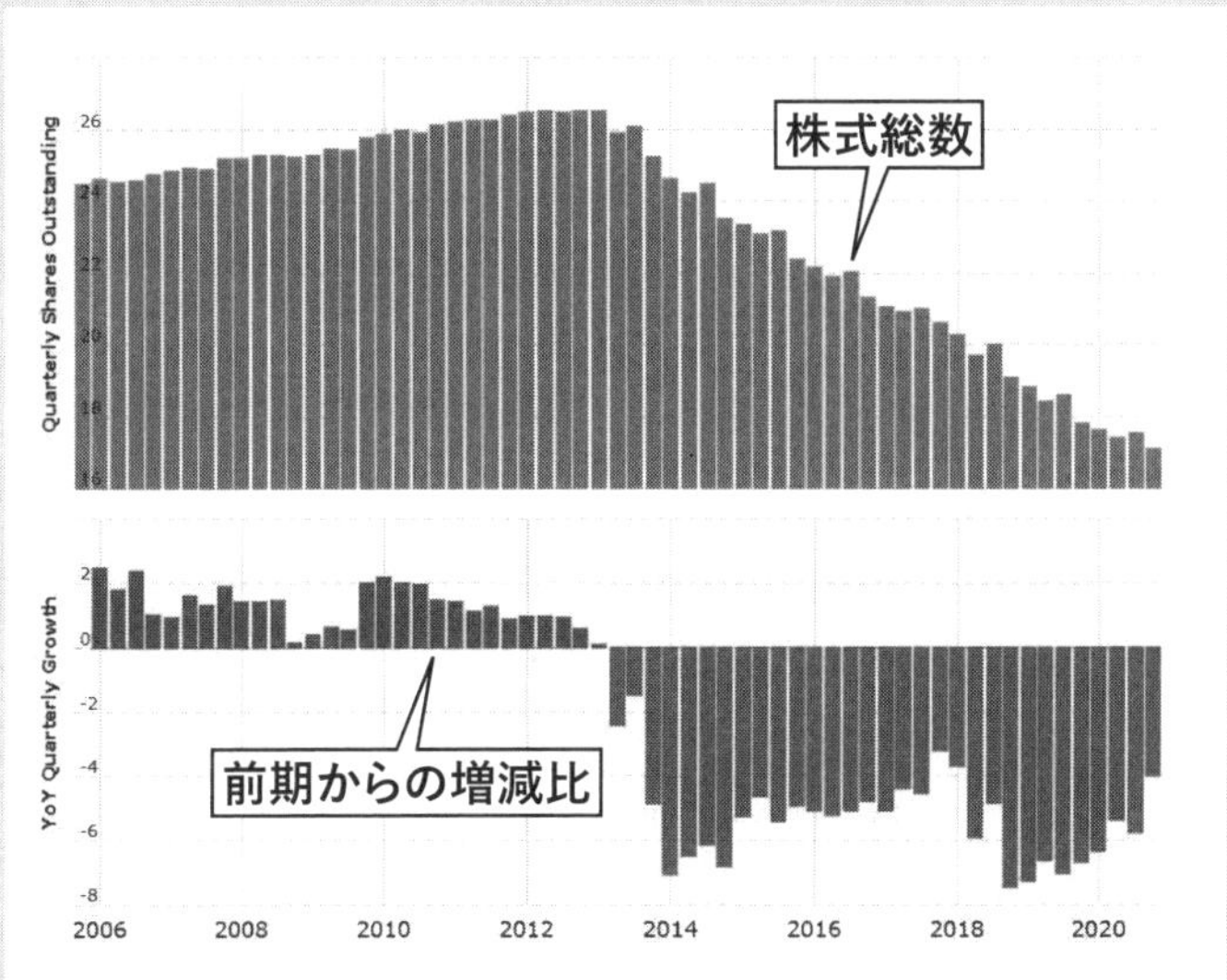

上の棒グラフは発行済株式総数の推移を表し、下のグラフは前期からの増減比を表しています。これを見ると、アップルが２０１３年ごろからどんどん市場に流通している株式の数を減らしていることがわかりますね。これが減っているほうが、いい会社だと判断できます。

ただし、発行済株式総数も「とにかく減っていればＯＫ」というものではありません。というのも、たとえば創業してからまださほど年数が経過していない企業であれば、そもそも発行している株式の総数が多くないはずですから、もっとお金を集めるために新しく株式を発行して株式の数を増やすことは理にかなっています。

## 貸借対照表よりキャッシュフロー計算書が大事

次に貸借対照表です。貸借対照表は英語で「Balance Sheet」なのでＢＳと略されます。これはその会社の懐《ふところ》具合を見るものです。**ＢＳを見れば、その会社に資産がいくらあるのか、借金がいくらあるのか、ということがわかります**。

たとえば、よくいわれるのが自己資本利益率（ROE）です。ROEは「当期純利益÷自己資本」で計算できます。自己資本は「純資産」ともよばれます。

会社がビジネスを行うために集めるお金は「他人資本」と「自己資本」に分けられます。他人資本は要するに借金のことで、返済する必要があるものです。銀行からの借入金とか、社債とかが該当します。

一方、自己資本は返済する必要がないものです。創業者が自分のポケットマネーから出したお金とか、株主が出してくれたお金とか、あるいは利益の一部をプールしておいたものが該当します。ROEが高いほど、自己資本を効率的に活用して利益を出したというふうに評価することもできます。

**ただしROEも絶対ではなく、参考となる数字の1つくらいに考えるのがよいでしょう。なぜかというと、ROEはわりと企業によって意図的に操作しやすいものだからです。**

計算式（当期純利益÷自己資本）を見てもらえばわかりますが、ROEを高めるには「当期純利益を増やす」あるいは「自己資本を減らす」の2つの方法があります。

純利益を増やすのは簡単ではありませんが、自己資本を減らすのはある程度、意図的にできます。借金を増やせばいいのです。企業が借金をするのは別に悪いことではありませんが、やはり多すぎるのはよくないですね。

**貸借対照表より断然重視したいのは「キャッシュフロー計算書」です。**こちらはぜひともチェックしたい事項になります。

# 「無借金経営」はいいことか？

企業のなかには「無借金経営」をしている会社もあります。これは文字通り、借金を1円もしないで経営しているということです。

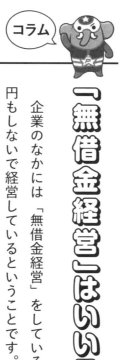

個人の家計の場合は借金がゼロなのはすばらしいことですが、**こと会社経営においては、借金がゼロなのはいいこととはいえないケースもあるのです。**成長を続けている企業の場合、借金のほうが資金調達コストが低くなることもあるからです。

たとえば企業が新しいビジネスを始めるためにお金を必要とした場合、株式を発行してお金を集めるか、銀行などからお金を借りるなどの手段があります。株式を発行してお金を集める最大のメリットは、そのお金を返さなくてもいいということです。

でも、デメリットもあります。会社が儲かったら、儲かったぶんだけ配当金などのかたちでたくさん株主に還元しないといけないのです。

一方、銀行などからの借金は返済義務がありますが、その代わり、借り入れるときの金利が固定されます。企業がすごく儲かったからといって、利息が高くなって銀行に返さなければいけないお金が増えるなんてことはありません。つまり、**企業のビジネスがうまくいって儲かった場合、借金で経営したほうが払わなければならないお金の総額が少なくて済むこともありうるのです**。

また、資金調達のスピードでも借金のほうに分があります。借金のほうが素早くまとまったお金が手に入るので、チャンスを逃さず事業をスタートしたり、成長させたりすることができうるのです。

そのため、多くの経営者は他人資本（借金など）と自己資本（株式の発行など）でうまくバランスをとって会社を経営しています。私の会社でも、よい借金は積極的にし、銀行さんとのお付き合いは大事にさせていただいています。

# キャッシュフローとはなにか

キャッシュフロー（ＣＦ）計算書は、名前の通り現金の流れを示したものです（厳密には、すぐに現金に換えられるものもキャッシュに含まれます）。

**ＣＦ計算書を見れば、その会社がどれだけ自由に使えるキャッシュを持っているのかを把握できます**。

社会人の方ならわかるかと思いますが、売上が立つタイミングと、実際にそのお金が入ってくるタイミングにはズレがありますよね。たとえば２０２１年1月に１００万円の売上が計上できたからといって、じゃあ1月にその会社は１００万円のキャッシュ（現金）を持っているのかというと、そんなことはありません。現金の１００万円は売上ができてから遅れて手に入るのが普通です。

会社が倒産するのは、売上や利益がゼロになったときではありません。**手元のキャッシュが枯渇して、払うべきお金を払うべきタイミングまでに払えなくなった（債務不履行・**

**デフォルトといいます）ときに、会社は倒産するのです。**

そのため、売上が伸びているかとか、ちゃんと利益を出しているかも大事なのですが、それと同じくらいキャッシュを確保しているかがとても重要なのです。

さて、**たぱぞうがCFのなかでもとくに重視しているのは「営業キャッシュフローが右肩上がりに順調に増加しているか」です。**

キャッシュフローは「営業キャッシュフロー」「投資キャッシュフロー」「財務キャッシュフロー」の3つに分けられます。

それぞれ、次のように説明できます。

**●営業キャッシュフロー**：その会社がビジネスで稼いだキャッシュ。プラスでなければおかしい。

**●投資キャッシュフロー**：会社がビジネスを発展させるために、たとえば新しく工場を建てたり、ほかの会社を買収したりするのに使ったキャッシュ。これはマイナスになっていても問題ない。

**◉財務キャッシュフロー**：借金をしたり株式を発行したりすることによって増減したキャッシュ。これが増えている場合は借金を増やしたり、株式を増やしたりしているはず。プラスにもマイナスにもなりえる。

# キャッシュフロー計算書で見るべきもの

投資キャッシュフローや財務キャッシュフローはマイナスになることもよくありますが、営業キャッシュフローが増えていないと、あまりビジネスが好調ではないことを意味しています。

そして**営業キャッシュフローは、ごまかしがきかない数字です**。この数字を経営者が操作していたら粉飾決算です。

営業キャッシュフローの増加率とともに覚えておくといいものに**「営業キャッシュフロー・マージン」**があります。これは「営業キャッシュフロー÷売上高」で計算できます。

これは要するに、売上高のうち、どのくらい実際にキャッシュを手に入れられているかの割合を示すものです。高いほど優秀です。キャッシュフロー計算書には書かれていないので、自分で計算してみましょう。

営業キャッシュフロー・マージンの基準はなんともいえない部分がありますが、**営業キャッシュフロー・マージンが15％以上であれば、その会社は優秀である**と考えていいでしょう。

**ここで紹介したファンダメンタルズ分析は、企業が新しく決算を発表したらその都度チェックしたい項目です**。そのため、その会社の決算発表がいつなのかということは把握できるとよいですね。

とはいえ実際には忙しい、面倒という人もいるでしょう。そういう人でも少なくとも、年に1回はチェックをしたいところです。

これはたとえば10社に分散投資していたら、それぞれの会社が決算発表したらすべてチェックできるとよいということです。

これが面倒くさい人は、個別株投資には手を出さず、素直にＥＴＦとか投資信託で運用するというのが現実的かもしれませんね。

# 米国の経済指標もチェックしよう

米国企業は米国経済の影響を受けます。個別株投資をする人はもちろん、**VTIやS&P500に連動するETFを買っていたりするならば、米国の経済指標をチェックして、米国経済全体の調子がいいのか悪いのかくらいはザックリ把握しておきたいものです。**

といっても、経済指標もいろいろなものがあって、ぜんぶチェックしていたら時間がいくらあっても足りません。そこで、本書ではとくに重要な経済指標だけを紹介しておきます。神経質になって調べる必要はありませんが、たまに見て、前年からの推移などに目を配りましょう。

## ◉米国雇用統計

米国の労働省労働統計局が毎月発表しているものです。いろいろな項目が発表されますが、とくに注目しておきたいのは**「非農業部門雇用者数」**です。これは米国の経済指標でも最重要視されるもので、平たくいえば「会社員の数の推移」です。

日本企業は正社員をそう簡単にやめさせることができませんが、米国は会社の業績に応じてレイオフ（一時的な解雇）をすることがよくあります。この数字が低くなると、米国の景気が悪くなりつつあるなどといった判断ができます。

## ◉FOMC声明・議事録

FOMC（米国連邦公開市場委員会）は米国の金融政策を決定する米国連邦準備制度理事会（FRB）が開く会合のことで、米国の金融政策をどうするかを話し合います。基本的には年に8回開催され、声明文と議事録が公開されます。ただし、会議は必要に応じて随時開催されます。米国政府として現在の米国経済をどのように見ているのか、そしてどのような金融政策を打っていくのかの指針がまとめられます。

**とくに注目したいのは「FF（フェデラル・ファンド）レート」で、これは要するに米国の政策金利です。**一般的に、政府は経済が過熱してくると政策金利を上げて加熱を抑え込もうとし、逆に冷え込んでくると政策金利を下げて盛り上げようとします。

たとえば、2020年3月には、それまで1・75%だったFFレートが0・25%まで下げられ、2021年4月時点でもこの水準が続いています。新型コロナ感染症の影響で経済の冷え込みが懸念されたからです。もし今後、ＦＦレートが引き上げられるとすればそれは米国経済のトレンドの変わり目といえるかもしれません。

### ●国内総生産（ＧＤＰ）

ＧＤＰというのは一定期間内にその国で生み出されたモノやサービスの付加価値のことで、**その国全体の経済の力量を表していると考えてもらっていいでしょう**。米国の場合は四半期ごとに発表されます。

たぱぞうが米国株を推している理由の1つに、いまだに米国のＧＤＰが中国を上回る世界1位を維持し、伸び続けているということもあります。もし米国のＧＤＰが日本のように伸び悩んできたら、投資先として米国を選ぶべきか考え直さなければいけないかもしれません。

さて、ここまでの内容でテクニカル分析やファンダメンタルズ分析の基礎的な考えを紹介してきたわけですが、私が投資する銘柄を選ぶ上でなによりも大事だと思っているのは**「その会社がこれから成長していくとあなたは信じられるか。信じられる根拠、ストーリーが明確か」**

ということです。

投資の神様ウォーレン・バフェット氏は「リスクは、自分がやっていることを理解していないところから生じる（Risk comes from not knowing what you're doing.）」という言葉を残しています。本書の冒頭でも述べましたが、「米国株投資は儲かるらしいから、よくわかんないけどやってみよう」というノリでは、暴落のときに行動がぶれます。そういう人は、いざ買ったあとで株価が下がったり、決算発表の数字が悪かったりするだけですぐに売ってしまい、結果として損をする可能性が高いということです。

大事なのは

**●その会社は現在、どういうビジネスでどのくらい稼いでいるのか**
**●今後はどういうビジネスを展開していくつもりなのか**

**◉あなたはそのビジネスに好感が持てるか、応援したいと思えるか**
**◉あなたはその会社や経営者のビジョンに共感できるか、信頼できるか**

ということです。

もちろん、すべてにマルがつかないと株を買ってはいけない——ということではありません。でも最低限「自分はなぜこの株を買ったのか」「どうなったらその株を売るのか」という基準は明確にしておかなければいけないでしょう。

## 投資で失敗する人が犯すミス

投資に失敗するパターンとしてとても多いのが、**「その株を保有する理由を後付けする」**というものです。たとえば、Aという会社が再生可能エネルギー事業に乗り出すので、その事業に期待してA社の株を買ったとします。しかし、再生可能エネルギー事業があまりうまくいっていない結果になったとしましょう。

失敗する投資家はここで「たしかに再生可能エネルギー事業はうまくいっていないけど、この会社の株は配当金も多いから持っていて損はないよね」などと考え、当初とはまったく違う理由で株を保有し続けてしまうのです。

最初から配当金を目的にしてA社の株を買っていたならいいですが、再生可能エネルギー事業の成長性に期待していたのなら、それがダメそうだと思った時点で、その株を保有する意味はなくなってしまっているはずです。ここがブレブレになってしまうようでは、投資家として成功することはできないでしょう。

**投資はどの銘柄を買うかも大切ですが、「その銘柄がどうなったら売るか」も大事です**。

たとえば、売るときの基準としては次のようなものがありえますね。

- **創業者の哲学に惚《ほ》れて買ったが、創業者がいきなり交代になって違う哲学を持った人が経営者になった**
- **高い営業利益率が魅力だったが、営業利益率が下がってきてしまった**
- **配当金の多さが目当てで買ったのに、配当金が減らされた**
- **新規ビジネスの顧客がこれから伸びていくだろうと踏んでいたのに、思ったより顧客数**

**が伸びない**

どの基準がよくて、どの基準が悪いということはありません。それは第2章で述べたように、あなたが投資をする「目的」と「目標」によって変わるからです。とにかく、「その株を買う根拠」と「売る基準」を明確にしておくことは忘れないようにしてくださいね。

本書ではこのあと私が注目している個別銘柄も紹介しますが、「たぱぞうが紹介しているから、なにをやっている会社かよくわかんないけど、買っておこう」というのは避けてください。**紹介＝推薦ではないということに気をつけてください**。

ビジネスモデルが強かったり、話題だったりする株を取り上げますが、話題の株はとくに注意が必要です。ビジネスモデルが強い企業も、株価を含めてすべてが上昇を続けるかどうかはやはり未来予想、確約する性格のものではありません。

このことを了承して本書を含めた投資本から情報を取得し、自分の哲学に則って株を売り買いできるようになれば、あなたも投資家の仲間入りです。

特別付録

# たぱぞう厳選！
# 大注目の
# 米国株45銘柄

# グーグル

## ユーチューブも手に入れた検索エンジン界の雄

(ティッカーシンボル) GOOG

(決算期) 12月

(セクター) コミュニケーションサービス

現在の米国株を語るうえで外すことができないGAFAMのGです。社名は現在アルファベットで、おもに検索、広告、クラウド、スマホ用OSのアンドロイド、ウェブブラウザのクローム、ユーチューブ、ハードウェア事業などを手掛けている一方、研究開発、ベンチャー投資にも積極的です。

グーグルは1998年にスタンフォード大学の学生であったラリー・ペイジ氏とセルゲイ・ブリン氏によって設立されました。当時の検索サイトで主流であったカテゴリー登録だけではなく、関連性やリンク、滞在時間などに着目して検索システムを制作。現在もSEO（検索エンジン最適化）対策として設計思想はさらにバージョンアップされています。M&Aにも積極的で、ユーチューブを16・5億ドルで購入したのは代表的な成功例。前衛的な経営姿勢が独特の社風をつくり上げています。

**株価はこの5年で約3倍に成長。売上高、営業利益ともに過去10年度は概ね右肩上がりに推移。営業利益率も20％超の高水準で推移しています。**またEPSの成長が力強く10年で約4倍ですが、自社株買いにはさほど熱心ではない企業です。といっても、直近3年度は純利益以上の自社株買いを行っています。また主力のグーグル事業によって生み出される膨大なキャッシュフローを次代の実験的なサービスに投資している、未来を見据えた企業です。

アルファベットの今後を左右しそうな事業が「ウェイモ」です。「自動運転」、あるいは「自律運転」とよばれている車開発を手掛ける子会社です。自社で車体を生産するわけではなく、自律運転車向けにAIソフトウェアを開発しています。

ただ、親会社や外部の投資家から多額の資金を集めているにもかかわらず、その財務状況は開示されていません。

DATA

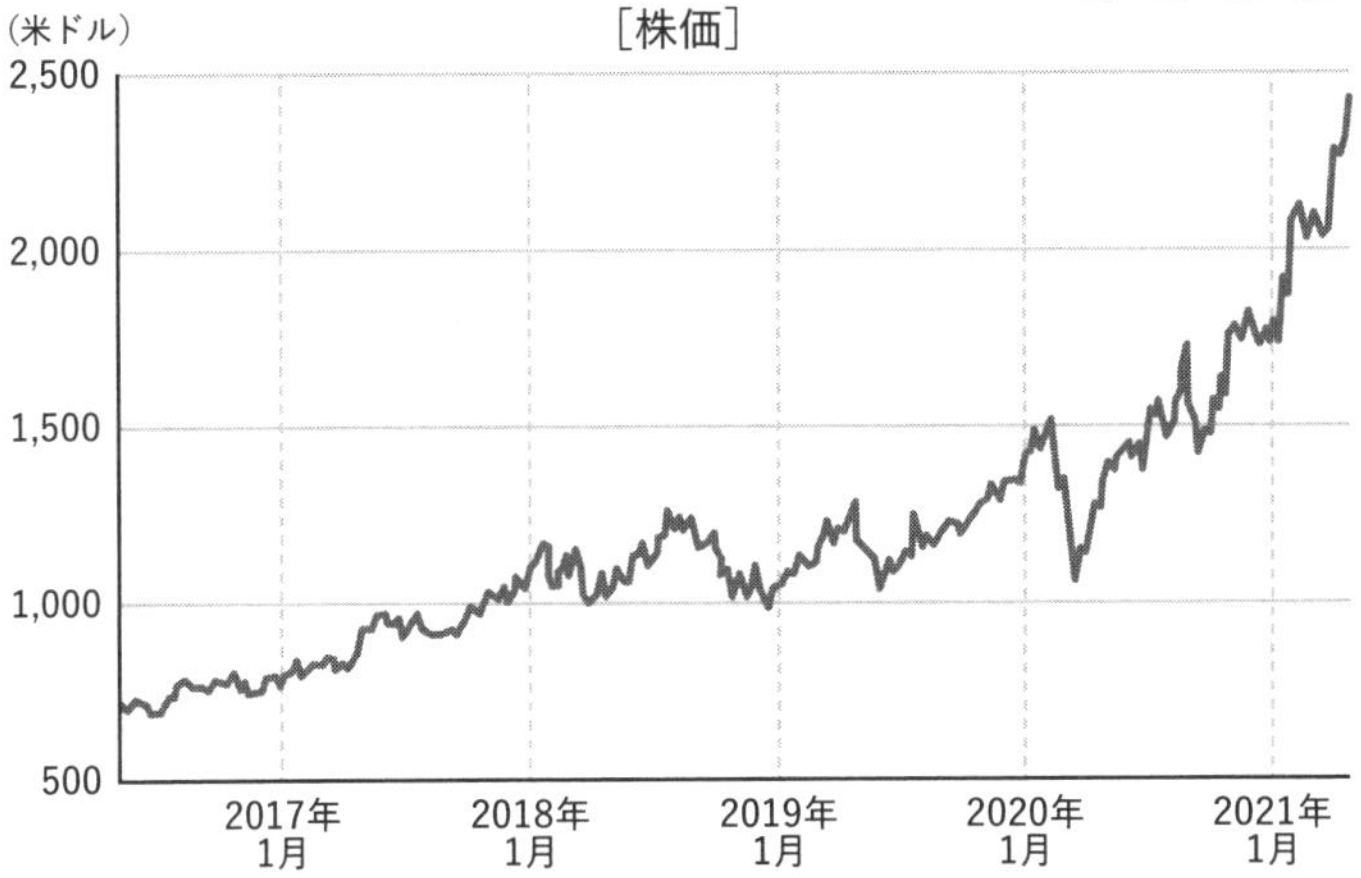


| 年度 | 売上高(億ドル) | 営業利益率 | 営業CF(億ドル) | EPS |
|---|---|---|---|---|
| 2016年12月 | 902.7 | 26.3% | 360.3 | 27.8 |
| 2017年12月 | 1,108.5 | 26.1% | 370.9 | 18.0 |
| 2018年12月 | 1,368.1 | 22.9% | 479.7 | 43.7 |
| 2019年12月 | 1,618.5 | 22.2% | 545.2 | 49.1 |
| 2020年12月 | 1,825.2 | 22.6% | 651.2 | 58.6 |

# アップル

## 圧倒的ブランド力を武器に、次は電気自動車へ

ティッカーシンボル
AAPL

決算期
9月

セクター
情報技術

日本人にもその製品群にファンが多い企業です。ハードウェア製品はiPhone、iPad、Macintosh（Mac）、iPod、Apple Watchなどがあり、ソフトウェア製品はmacOS、iOS、watchOS、tvOS、iPadOS、iCloudなどの開発・販売を行っています。

1977年にスティーブ・ジョブズ、スティーブ・ウォズニアック、ロナルド・ウェインの3人によってApple Computer, Inc.として創業され、2007年に現社名に改称。自社の工場を持たない、いわゆる「ファブレス企業」で、企画、設計、販売に特化しています。

**株価はこの5年で約5倍に成長。売上高、営業利益ともに過去10年度は概ね右肩上がりに推移。営業利益率も約25％と高水準です。**自社工場がないので減価償却が少ないこと、過去3年度に関しては「のれん」がなく、減損する資産が少ないことがプラスに寄与しています。

また近年はiPhone依存からの脱却を図っており、利益率が高いサービス部門の伸長は今後も注目されてよいでしょう。EPSは10年で約3倍。直近3年度は純利益以上の自社

株買いを行っています。設備投資が少なく済むため、フリーCFが製造業に比べて潤沢で、10年のスパンで見れば右肩上がりになっています。

また2020年末、アップルが2020年代半ばごろに電気自動車をリリース予定と報道されました。

アップルが今後も自社の製造工程を持たないのであれば、外部のメーカーの力を借りないわけにはいきません。自動車はいままでの製品群に比べて価格も筐体《きょうたい》の大きさも大きく違うので、自動車事業の成否は協力してもらえる外部メーカーの確保がカギを握っていると思われます。

DATA

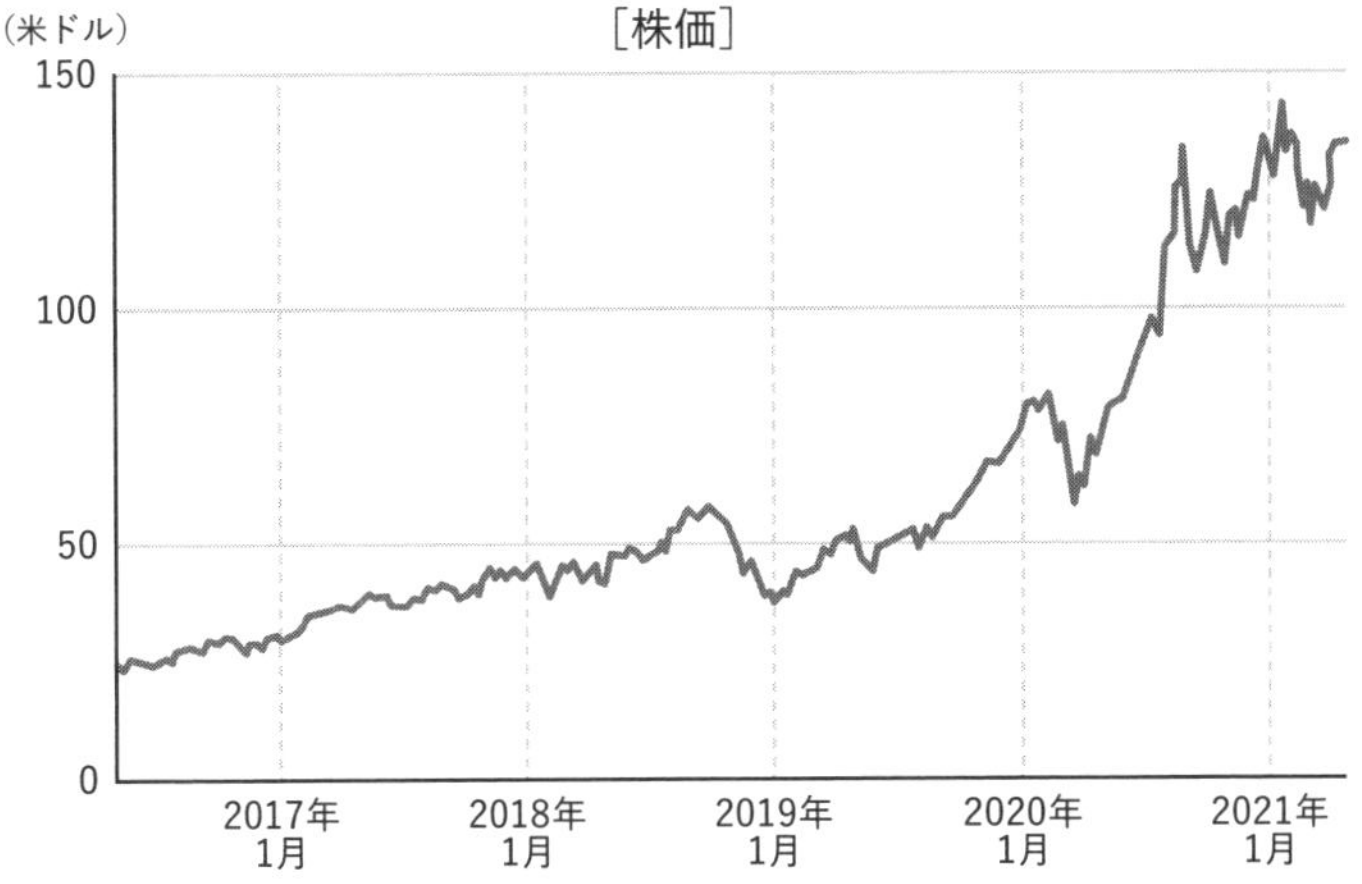


| 年度 | 売上高（億ドル） | 営業利益率 | 営業CF（億ドル） | EPS |
|---|---|---|---|---|
| 2016年9月 | 2,156.3 | 27.8% | 658.2 | 2.0 |
| 2017年9月 | 2,292.3 | 26.8% | 635.9 | 2.3 |
| 2018年9月 | 2,655.9 | 26.7% | 774.3 | 3.0 |
| 2019年9月 | 2,601.7 | 24.6% | 693.9 | 2.9 |
| 2020年9月 | 2,745.1 | 24.1% | 806.7 | 3.3 |

# フェイスブック

## 豊富な資金力で他社を吸収するSNSの覇者

ティッカーシンボル
FB

決算期
12月

セクター
コミュニケーションサービス

G

AFAMのFです。フェイスブックはマーク・ザッカーバーグ氏とエドゥアルド・サヴェリン氏がハーバード大学在学中に作成した学内交流サイトが元になっています。2004年、ザッカーバーグ、ダスティン・モスコヴィッツ、サヴェリン、クリス・ヒューズらがフロリダ州で会社を立ち上げました。現在、CEOはザッカーバーグ氏ですが、サヴェリン氏も5％の株を保有する大株主です。

設立前夜のストーリーは『ソーシャル・ネットワーク』というタイトルで映画化もされました。その後、順調に発展し、月間アクティブユーザー数（MAUs）は世界でおよそ28億人を数えます。いまとなっては、複数のソーシャル・ネットワーキング・サイト（SNS）を運営する世界最大の企業です。世界全人口が約78億人ですから、世界の3人に1人はFBユーザーということになります。

**株価はこの5年で約3倍に成長。売上高、営業利益ともに過去10年度は概ね右肩上がりに推移。営業利益率はおよそ40％という高水準で推移しています。**

また、企業買収も積極的です。インスタグ

ラム、ワッツアップ、オキュラスといった企業を相次いで買収しています。とくにインスタグラムは若い層に受け入れられ、幅広いユーザーを獲得しています。

この巨大なユーザー数をバックグラウンドにした広告収入が収益の柱です。加えて、つねに研究開発費を経費の20%程度は支出している企業です。IT業界は競争も激しいので、築き上げた経済的な濠をさらに広げるためにもそれなりの支出はこれからもあるでしょう。

フェイスブックの脅威になるのはフェイスブック以上のSNSプラットフォームの登場と、セキュリティ対策でしょうか。ただしライバルはM&Aで味方に入れ、セキュリティもM&Aで解決できるのかもしれません。

DATA

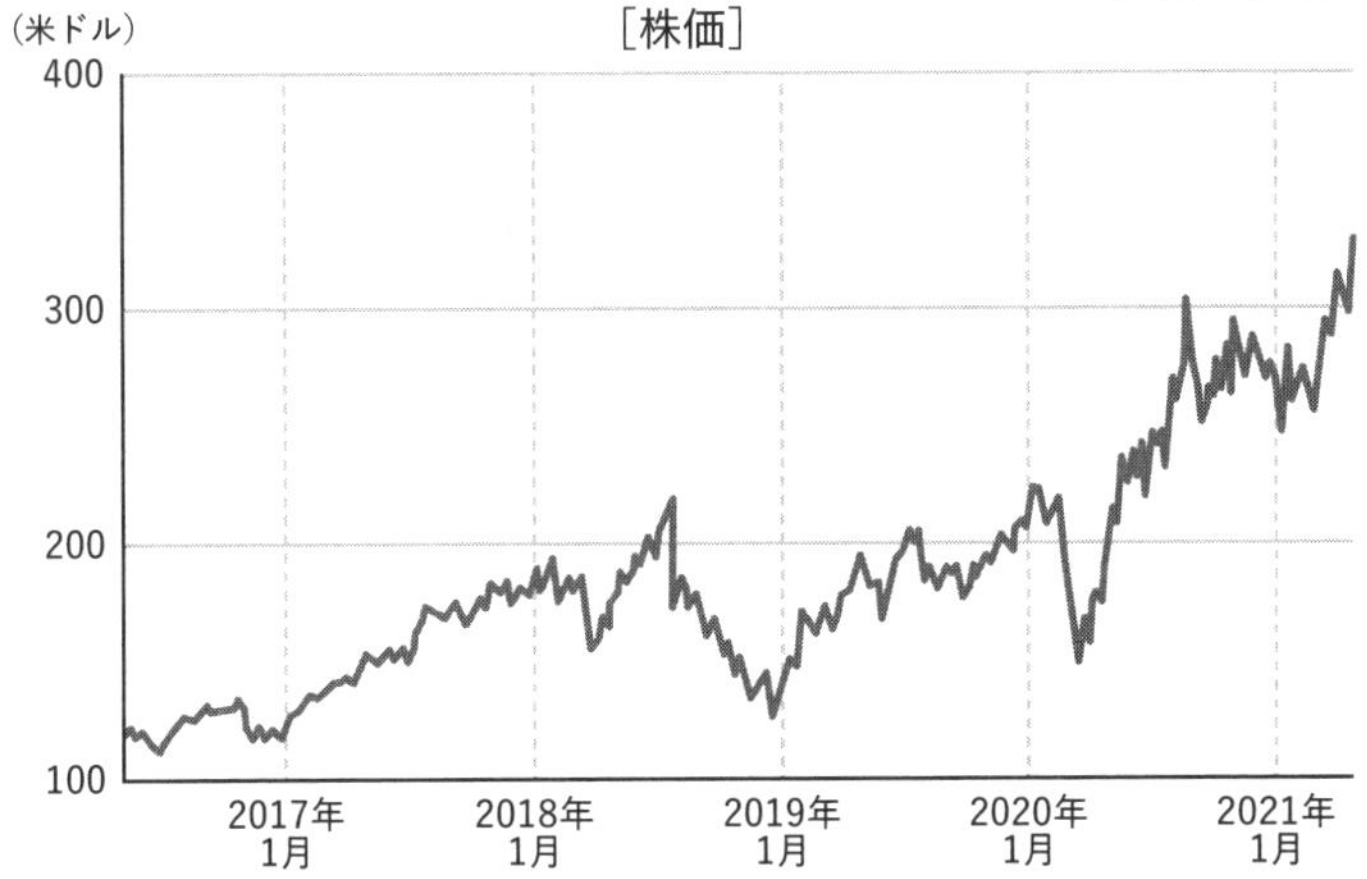


| 年度 | 売上高(億ドル) | 営業利益率 | 営業CF(億ドル) | EPS |
|---|---|---|---|---|
| 2016年12月 | 276.3 | 45.0% | 161.0 | 3.5 |
| 2017年12月 | 406.5 | 49.7% | 242.1 | 5.3 |
| 2018年12月 | 558.3 | 44.6% | 292.7 | 7.5 |
| 2019年12月 | 706.9 | 33.9% | 363.1 | 6.4 |
| 2020年12月 | 859.6 | 38.0% | 387.4 | 10.0 |

# アマゾン

## カリスマ創業者が率いる世界最強のEC企業

（ティッカーシンボル）AMZN

（決算期）12月

（セクター）一般消費財

現在の米国株を語るうえで外すことができないGAFAMのAです。GAFAMのなかでも、売上規模や創業者の個性でひときわ大きな存在感を示します。

創業者であるジェフ・ベゾス氏はプリンストン大学を卒業後、バンカース・トラストやヘッジファンドのDEショーで勤務します。その後、30歳を迎えた1994年にこれらの会社がインターネットバブルに乗らない愚《ぐ》を悟り、オンライン書店を開業。それがいまのアマゾンです。

1990年代のアマゾンはネット書店のイメージが強かったですが、いまは世界最大のECショップという側面のみならず、クラウドのAWS（アマゾン・ウェブ・サービス）やAmazonプライムなど多様な展開をしています。とくにAWSの成長は目覚ましく、売上面でも収益面でも大きな存在になってきています。

**株価は5年で約4倍。売上高は指数関数的に成長しています。**一方、営業利益率はそれほど高くありませんが、小売を含む業態と考えると悪くはないですね。さらにEPSはこの10年で10倍に成長。アナリストによっては

3年後のEPSを50ドル超まで予想しており、今後も堅調な拡大が見込まれます。かつてのような売上一辺倒ではなく、収益性が伴っているところが大きな変化です。**また営業CFも大きく成長。新規事業への投資も盛んで、成長への加速はとどまるところを知りません。**近年でのもっとも成功した投資はAWS関係でしょう。

アマゾンはいまだ無配ですが、配当を出すことよりも、自社を成長させることで株主に報いている企業といえます。事業展開している国はじつはさほど多くはなく、10数か国にすぎません。物流網の構築等、課題は少なくありませんが、いまの段階においても事業拡大が期待できそうです。

DATA

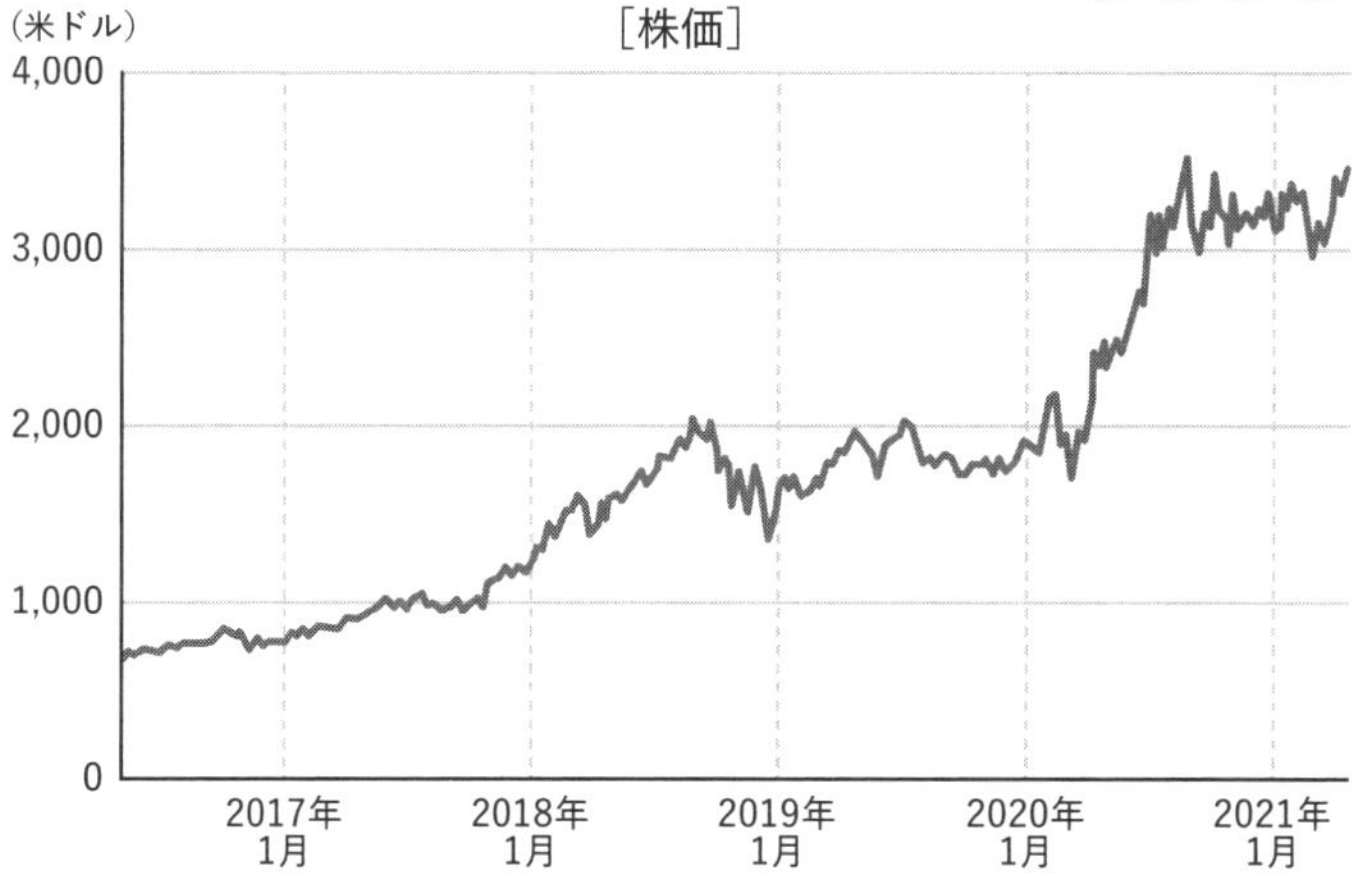


| 年度 | 売上高(億ドル) | 営業利益率 | 営業CF(億ドル) | EPS |
|---|---|---|---|---|
| 2016年12月 | 1,359.8 | 3.1% | 172.0 | 4.9 |
| 2017年12月 | 1,778.6 | 2.3% | 184.3 | 6.1 |
| 2018年12月 | 2,328.8 | 5.3% | 307.2 | 20.1 |
| 2019年12月 | 2,805.2 | 5.2% | 385.1 | 23.0 |
| 2020年12月 | 3,860.6 | 5.9% | 660.6 | 41.8 |

# マイクロソフト

ビジネスインフラの地位を確立したITの巨人

G

AFAMのMです。ビル・ゲイツ氏とポール・アレン氏によって1975年に設立されたソフトウェア会社で、ハネウェル社で勤務していたポール・アレン氏が大学生だったビル・ゲイツ氏を誘ってできた会社です。

MS－DOS（Disk Operating System）でパソコンOSに参入し、1995年にリリースしたWindows 95が人々にパソコンを身近にさせて以来、マイクロソフトのOSは世界中のパソコンで利用されています。そのWindowsシリーズ上で動くワード（ワードプロセッサーソフト）やエクセル（表計算ソフト）も世界で大きなシェアを持ちます。

**株価は5年で約5倍。かつては無配企業でしたが、現在は配当も出しており、増配傾向です。**かつては高配当ETF【VYM】の組み入れトップ銘柄でした。現在は配当利回りだけを見ると魅力的には見えないかもしれませんが、これは配当金が減ったからではなく、株価が顕著に上がっているためです。

マイクロソフトは創業者からの世代交代も比較的うまくいっている企業です。現任のCEOであるサティア・ナデラ氏はインド出身

（ティッカーシンボル）
MSFT

（決算期）
6月

（セクター）
情報技術

で、見事に業績を向上させました。

サーバー向けOSにはＬｉｎｕｘがあるなど、ライバルがいないわけではありませんが、職場においてパソコンを上回る入力装置はほかになく、スマホやタブレットが全盛とはいえWindowsの牙城は揺るがないでしょう。

また、オフィスシリーズに代表されるビジネスソフトはほとんど企業間の共通言語化しており、欠かせない存在です。利用者は全世界で10億人超。これらアプリケーションのサブスクリプション化が業績に貢献しています。

また近年ではクラウドMicrosoft Azureが売上を驚異的に伸ばしています。

事実上のビジネスインフラ企業となり、その基盤は簡単に揺るぎそうにはありません。

DATA

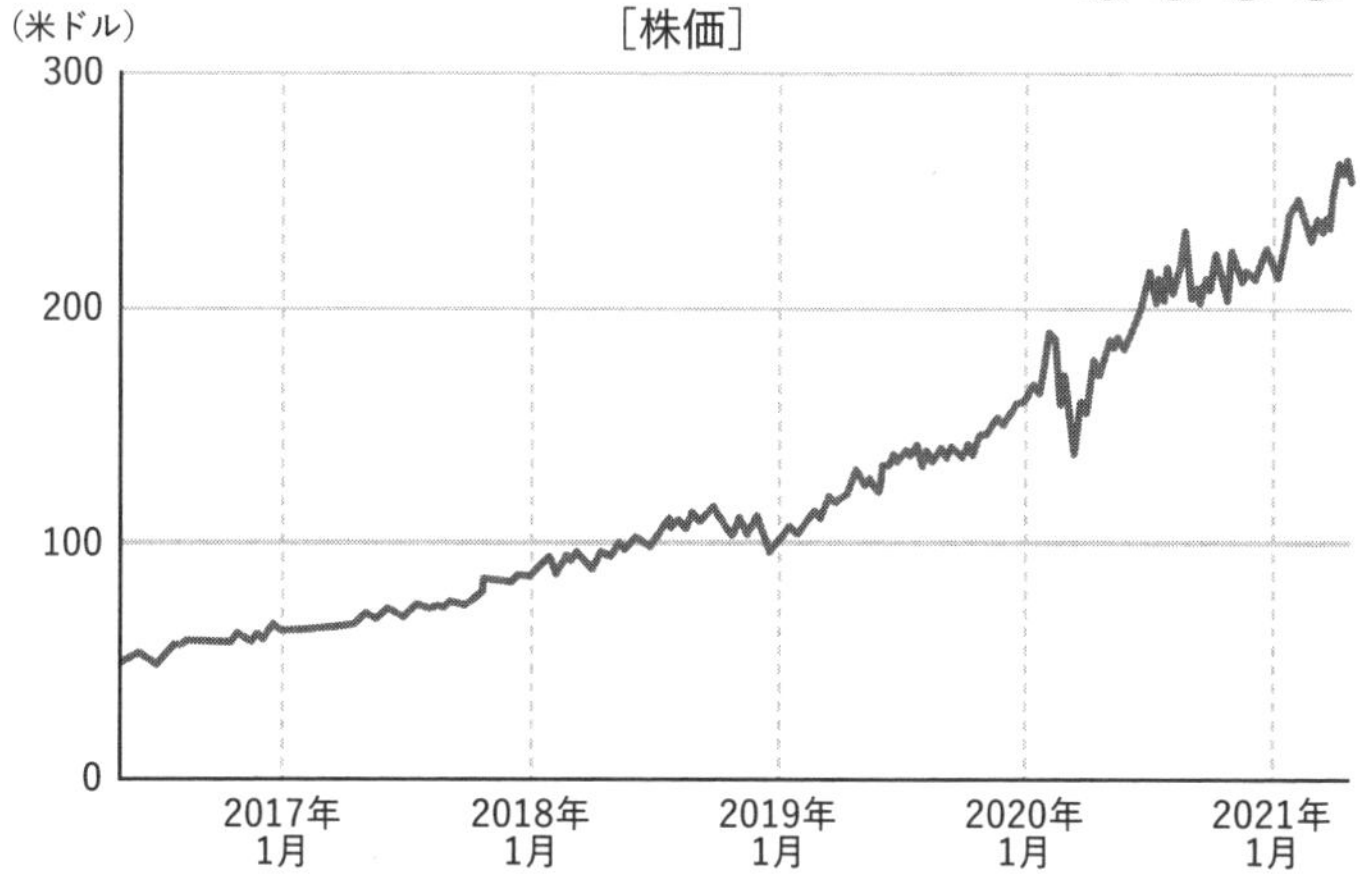


| 年度 | 売上高(億ドル) | 営業利益率 | 営業CF(億ドル) | EPS |
|---|---|---|---|---|
| 2016年6月 | 911.5 | 28.6% | 333.2 | 2.5 |
| 2017年6月 | 965.7 | 30.0% | 395.0 | 3.2 |
| 2018年6月 | 1,103.6 | 31.7% | 438.8 | 2.1 |
| 2019年6月 | 1,258.4 | 34.1% | 521.8 | 5.0 |
| 2020年6月 | 1,430.1 | 37.0% | 606.7 | 5.7 |

# メドトロニック

安定した増配を続ける医療機器メーカー

（ティッカーシンボル）
MDT

（決算期）
4月

（セクター）
ヘルスケア

1949年にアール・バッケン氏とパーマー・ハーマンズリー氏によって米国ミネソタ州ミネアポリスで設立された医療機器メーカーです。社名はMedical（医療）とElectronic（電子工学）を組み合わせてつけられました。米国の企業ですが、税金対策でアイルランドに本社を置いています。

伝統的に心臓ペースメーカーに強く、1957年には世界初の電池式の体外ペースメーカーを開発。1960年以降はより広範囲な医療機器の開発、製造を行っています。現在の事業ポートフォリオは祖業のペースメーカー、除細動器、心臓弁、ステント、インスリンポンプ、脊椎固定装置、神経血管用品、手術器具など多岐にわたります。とくにペースメーカーとインスリンポンプにおいて高いシェアと売上を維持しています。

海外売上高は総売上高の50％近くになり、世界でもっとも大きな医療機器メーカーの1つとして地位を確立。近年は新興国、とくに中国への進出が熱心で、Kanghui Holdingsの買収は1つの橋頭《きょうとう》堡《ほ》になっています。中国での2019年度の売上はおよそ20億ドル近くに上っています。

**株価は5年で約1・5倍。近年の売上高の成長はやや鈍化していますが、営業CFが右肩上がりで推移しています。**医療機器はスイッチングコストの都合で一度獲得したユーザーが長期間ユーザーでいてくれる特徴があり、製薬メーカーほどレッドオーシャンではなく、研究開発に業績が左右されにくい業態と評価してよいでしょう。変動の激しいヘルスケア領域において、比較的有利かつ一定した強い地位を保持しているといえます。

**配当を狙うような銘柄ではありませんが、EPSの成長に呼応して連続増配は堅持。**買収に伴う変動はあったものの、近年では無理のない配当施策に落ち着いており、増配余地に懸念はありません。

DATA

［株価］

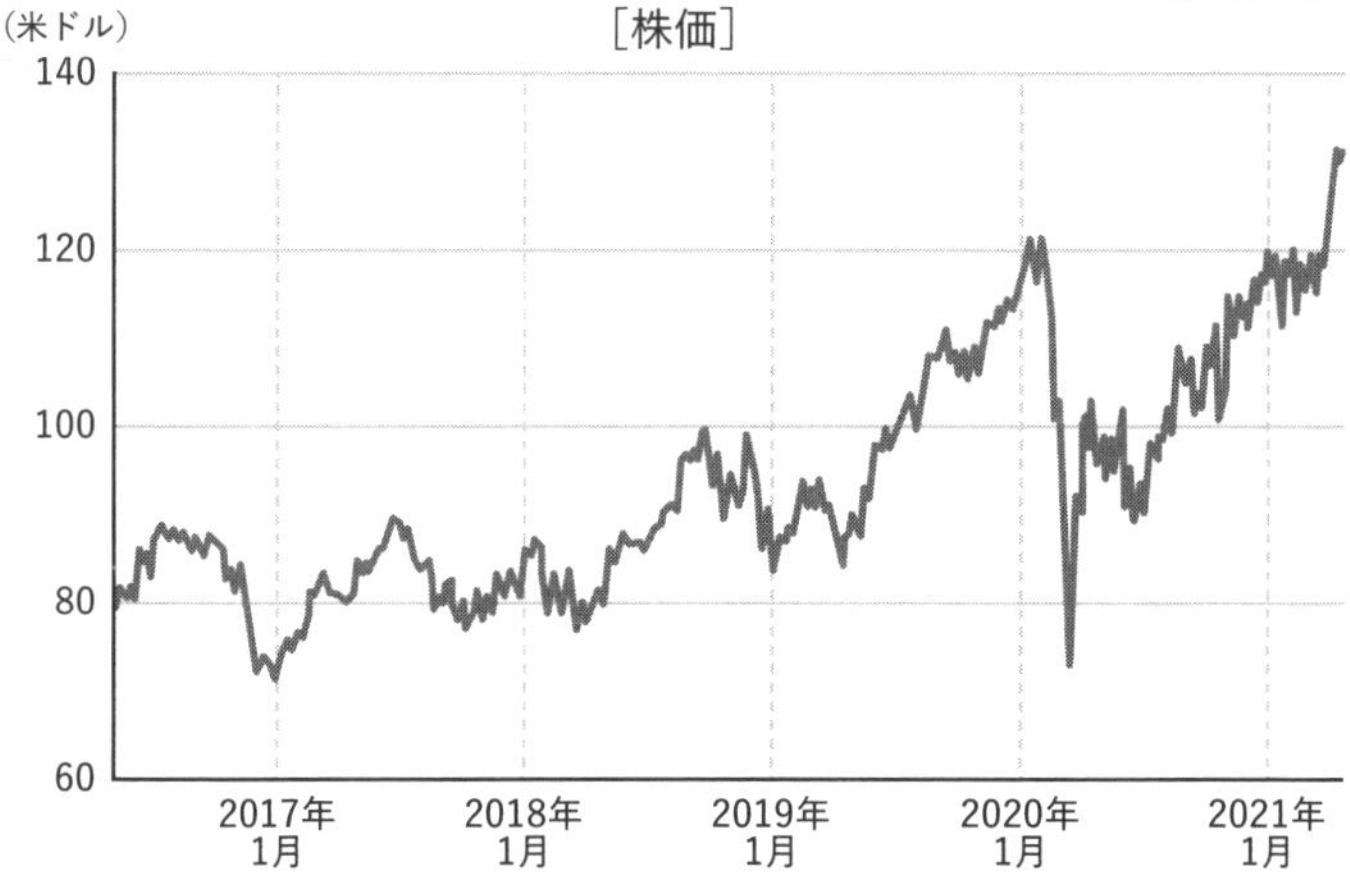


| 年度 | 売上高（億ドル） | 営業利益率 | 営業CF（億ドル） | EPS |
|---|---|---|---|---|
| 2016年4月 | 288.3 | 18.6% | 52.1 | 2.4 |
| 2017年4月 | 297.1 | 18.1% | 68.8 | 2.8 |
| 2018年4月 | 299.5 | 22.1% | 46.8 | 2.2 |
| 2019年4月 | 305.5 | 20.5% | 70.0 | 3.4 |
| 2020年4月 | 289.1 | 16.5% | 72.3 | 3.5 |

# ベリサイン

## ネットセキュリティ事業で堅牢な売上を構築

ティッカーシンボル
VRSN

決算期
12月

セクター
情報技術

コンピュータ・ネットワークセキュリティに関するソフトの開発で知られる企業、RSAセキュリティの認証部門がスピンオフされるかたちで創業したのがベリサインです。

インターネット黎明《れいめい》期の1995年に創業、1998年には上場を果たしています。「.com」や「.net」などのトップレベルドメインや、インターネット上に13個あるルートネームサーバのうちの2台の管理、登録を行っています。いわば、インターネットインフラを担う企業といえます。

---

ベリサインの認証サービスは金融サービスや小売アプリケーションなどで使われており、現在300万以上の電子証明を運用しています。参入障壁の高い、特殊性のある事業形態で、現状のネット世界が続く限りは圧倒的な事業構造の強みがあるでしょう。

**株価は5年で約2・5倍。2010年と比較すると約8倍になっています。**GAFAMのような力強い売上成長は見られませんが、着実に成長しています。営業利益率は安定的に60%以上あり、非常に高いです。競合が少ない故でしょう。

原則無配企業なのでインカムは期待できませんが、自社株買いには積極的で、EPSが安定的に成長しています。

管理する「.com」による収益は大きく、9割を占めています。インターネットにおける「.com」はもっとも人気のあるドメインで40%を占めます。ちなみにもう1つの柱である「.net」は5番目で、シェアは約5%。いずれにしても北米での使用が多く、6割が北米のユーザーです。

直近の新型コロナもほとんど業績には影響しておらず安定的。ベリサインとインターネットプロトコル管理者である非営利組織のICANNとの間で重大な契約瑕疵《かし》が生じない限り、業績の大崩れを想定しづらいでしょう。

DATA

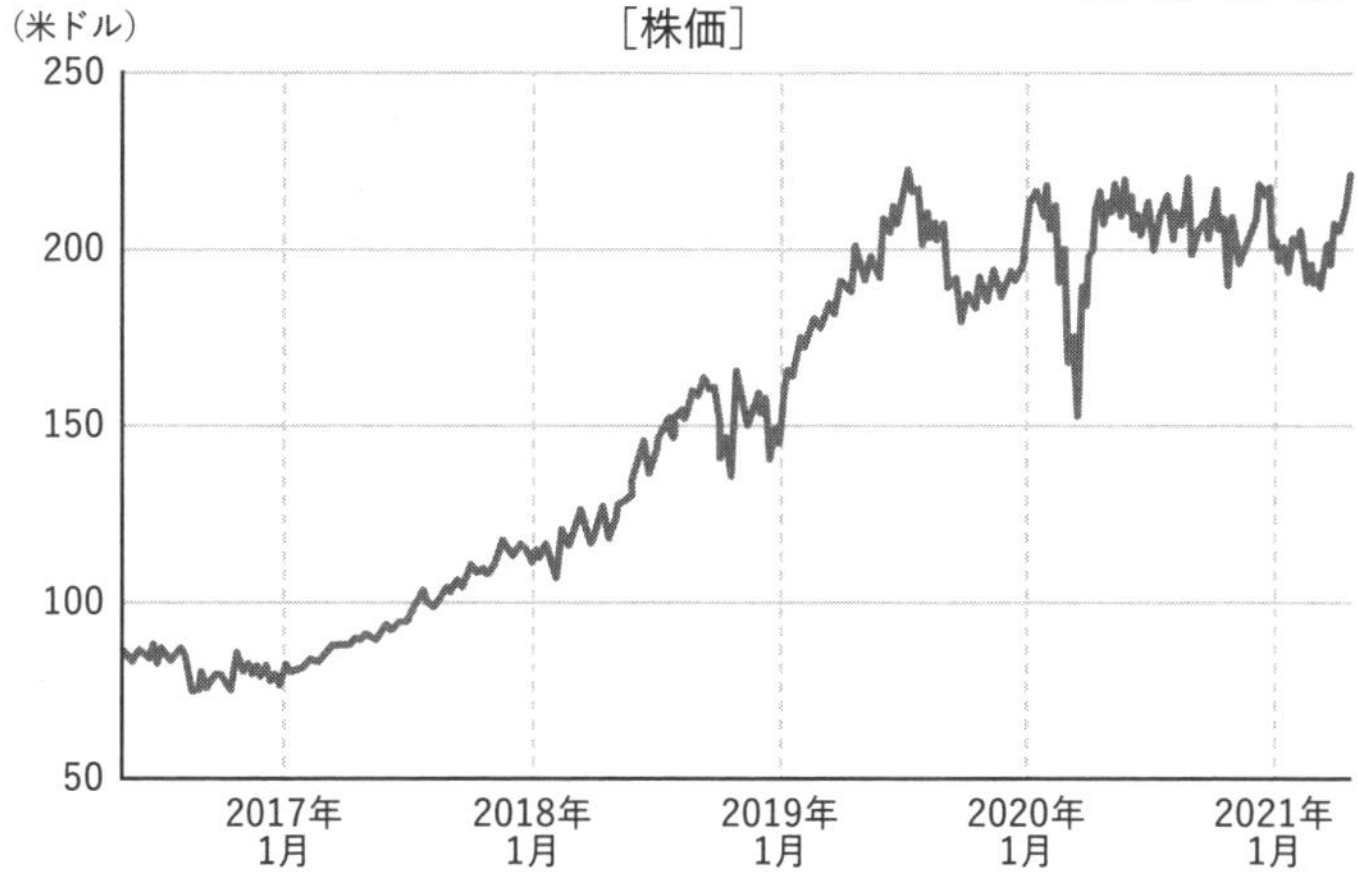


| 年度 | 売上高(億ドル) | 営業利益率 | 営業CF(億ドル) | EPS |
|---|---|---|---|---|
| 2016年12月 | 11.4 | 60.1% | 6.9 | 3.4 |
| 2017年12月 | 11.6 | 60.7% | 7.0 | 3.6 |
| 2018年12月 | 12.1 | 63.2% | 6.9 | 4.7 |
| 2019年12月 | 12.3 | 65.5% | 7.5 | 5.1 |
| 2020年12月 | 12.6 | 65.2% | 7.3 | 7.0 |

民間機からロケットまで手掛ける多国籍企業

# レイセオン・テクノロジーズ

ティッカーシンボル
RTX

決算期
12月

セクター
資本財

ユナイテッド・テクノロジーズとレイセオンが合併してできた防衛・航空宇宙事業を展開する多国籍企業です。ユナイテッドは民間に強く、レイセオンは軍需の売上がほとんどでした。相互に補完し、航空宇宙に舵を切った印象です。これに伴い、エレベータ・エスカレータ事業の世界トップシェアのオーチス、空調設備のキャリアをユナイテッドは手放しています。ユナイテッド・テクノロジーズはもともとボーイング【ＢＡ】やユナイテッド航空【ＵＡＬ】とルーツを同じくします。空や輸送に関わる大きな企業体でしたが、１９３４年に反トラスト法により分社化されました。

事業でとくに有名なのが航空機エンジン事業です。民間機ではもともと関係の近いボーイングだけでなく、エアバス、ボンバルディアなど世界の航空機製造企業にエンジンを供給しています。

またレイセオンはミサイルで世界トップのシェアを占めます。もっとも有名なものは、地対空ミサイルのパトリオット、巡航ミサイルのトマホークでしょう。これらはレイセオンが手掛ける製品です。レイセオンは軍需向けの製品が多く、売上の9割を占めます。この売上は中国国営を除いた軍事産業の売上ランキングでも4位に入ります。

株は新型コロナによる航空機需要減に伴って2020年春に大きく売り込まれましたが、その後戻してきました。**EPSは上昇基調ですが、安定的な業績推移で典型的な成熟企業といえそうです。**

直近決算は売上高も落ち込み、最終赤字で終わりましたが、基本的には安定的な業績推移と高い技術による経済的な濠を有する企業ということになります。レイセオンと合併したことで、民生用以外の重工業需要を取り込める頑強な事業ポートフォリオになったということでしょう。

DATA

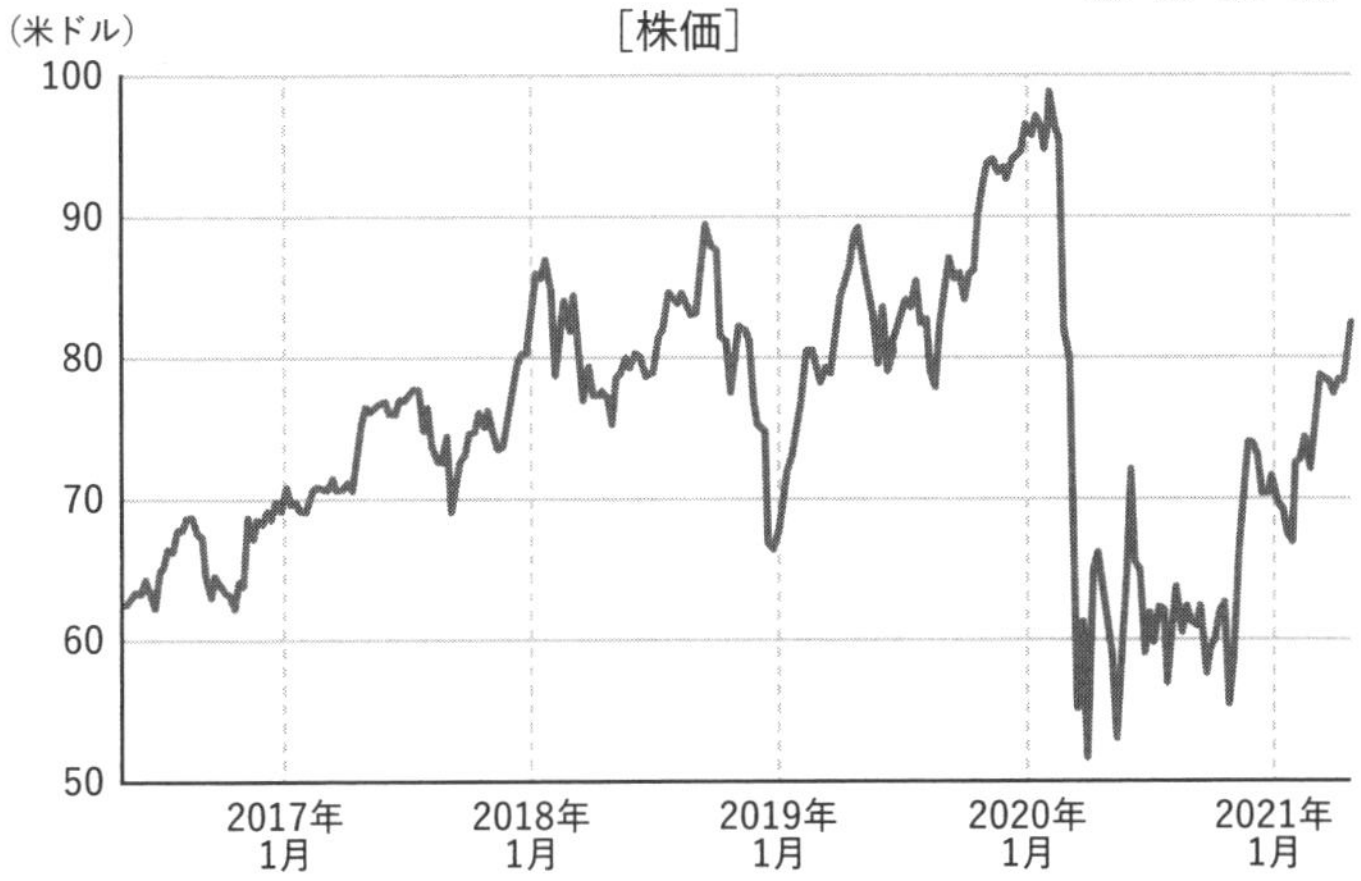


| 年度 | 売上高（億ドル） | 営業利益率 | 営業CF（億ドル） | EPS |
|---|---|---|---|---|
| 2016年12月 | 572.4 | 14.3% | 64.1 | 6.1 |
| 2017年12月 | 598.3 | 14.5% | 56.3 | 5.7 |
| 2018年12月 | 665.0 | 12.9% | 63.2 | 6.5 |
| 2019年12月 | 770.4 | 11.6% | 88.8 | 6.4 |
| 2020年12月 | 565.8 | 2.3% | 36.0 | -2.5 |

南北戦争時代から続く由緒正しい鉄道会社

# ユニオン・パシフィック

ティッカーシンボル
**UNP**

決算期
**12月**

セクター
**資本財**

**4**

万人近くの従業員を抱える、米国最大の鉄道会社です。設立は１８６２年。１８６２年というのはリンカーン大統領の施政下で承認された、太平洋鉄道法の成立と時を同じくします。１８６１年にアメリカ南北戦争が勃発し、太平洋からミズーリ川まで鉄道で結ぶことでリンカーン大統領はアメリカ合衆国を維持しようとしました。対する南部、アメリカ連合国側は、東はバージニア州から西はテキサス州まででした。人口的にも、地域的にも北部が南部を圧倒するには西部３州と北部の州の連携は必須といってよく、そのために制定された法律の1つが太平洋鉄道法です。いわば南北戦争のために鉄道会社を合併、合理化した法律であり、そのときに生まれたのがユニオン・パシフィック（ＵＮＰ）ということです。

そうした経緯で現在でも東部には路線を持っておらず、西部23州で営業。東側の営業範囲は、北は五大湖に接するイリノイ州、南はテキサス州の東隣のルイジアナ州までです。米国西部は経済成長著しい中国や東南アジアに面する太平洋岸や同じく成長国のメキシコと接しているため、輸送業である鉄道会社の業績は将来性を感じさせます。

**株価は5年で約2・5倍。営業利益率が高く、参入障壁が高いことから競合がありません。自社株買い、償却で株主に報いています。**

UNPの本社はあのウォーレン・バフェット氏が住むオマハです。バフェット氏は米国2位のBNSF鉄道（テキサス州フォートワース）を2009年に263億ドルで買収しています。バフェット氏は地元のユニオン・パシフィックではなく、BNSFを選好したことになります。バフェット氏は寡占的な業界である鉄道会社を好み、以前はユニオン・パシフィックの株式も保有していました。しかし、BNSF鉄道を買収する前に反トラスト法の関係でUNP株は売却しています。

DATA

| 年度 | 売上高（億ドル） | 営業利益率 | 営業CF（億ドル） | EPS |
|---|---|---|---|---|
| 2016年12月 | 199.4 | 36.5% | 75.2 | 5.0 |
| 2017年12月 | 212.4 | 38.0% | 72.3 | 13.3 |
| 2018年12月 | 228.3 | 37.3% | 86.8 | 7.9 |
| 2019年12月 | 217.0 | 39.4% | 86.0 | 8.3 |
| 2020年12月 | 195.3 | 40.1% | 85.4 | 7.8 |

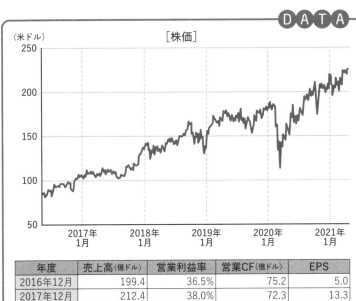

有事に強い！　米国を支えるハイテク軍事企業

# ロッキードマーティン

ティッカーシンボル
LMT

決算期
12月

セクター
資本財

軍事部門の売上ランキングで世界で1位、2位の地位にあり続けている企業です。とくに21世紀に入ってからは盤石の態勢になっています。

ほかの軍事企業であるボーイング【BA】やレイセオン・テクノロジーズ【RTX】などが少なからず民間向けの売上を持つのに対し、ロッキードマーティンは8割が軍事向け、政府向けとなっており、その特殊性が際立ちます。

真偽はともかくとして、全世界が束《たば》になってかかっても米国の軍事力には勝てないといわれます。それは膨大な軍事費と、世界に類を見ないロッキードマーティンのようなハイテク軍事企業の存在があるからです。また、販売後のメンテナンスも大きな収益になっています。

**過去5年で株価は約2倍ほどの成長ですが、2013年と比較すると約4倍になっています。**同じ時期、同業種のレイセオン・テクノロジーズ【RTX】やボーイングが軒並み売上を減らすなか、ロッキードマーティンは過去3年売上成長率を2%近く、利益成長率を約8%も伸ばしました。

同社の独占的な強みを象徴する近年の成長を株価が反映しています。

ＥＰＳの伸びに伴い、配当も増えていますが、配当性向は40％程度に落ち着いていて無理をしていない印象です。

成長性は政治に左右されるものの、世界の多極化時代にあって軍事力はますます重きをなしています。冷戦後のような不振は考えにくい状況になっています。

いうまでもなく唯一無二で、米国の国防のかなりの部分を担う企業で、投資先としては非常に魅力的と考えてよいでしょう。新型コロナの影響を感じさせることなく２０２０年12月期の決算を終えていることからも、まさに「有事」に強いといえそうです。

DATA

| 年度 | 売上高（億ドル） | 営業利益率 | 営業CF（億ドル） | EPS |
|---|---|---|---|---|
| 2016年12月 | 472.4 | 14.6% | 51.8 | 17.0 |
| 2017年12月 | 510.4 | 15.8% | 64.7 | 6.7 |
| 2018年12月 | 537.6 | 16.1% | 31.3 | 17.5 |
| 2019年12月 | 598.1 | 17.0% | 73.1 | 21.9 |
| 2020年12月 | 653.9 | 15.7% | 81.8 | 24.3 |

# IHSマークイット

## 景気指数PMIを算出する世界屈指の調査会社

| ティッカーシンボル | 決算期 | セクター |
|---|---|---|
| INFO | 11月 | 資本財 |

２０１６年に米国コロラド州のＩＨＳ Ｉｎｃ．と英国のＭａｒｋｉｔ Ｌｔｄ．の合併により設立されました。ただし、ここに至るまでに数々のＭ＆Ａを経ており、祖業自体は１８００年以前までさかのぼることができます。

現在の拠点はロンドンにあります。グローバルな情報サービス提供を社業としており、経済界においてはよく知られています。有名な仕事としては、製造業ＰＭＩ（購買担当者景気指数）や非製造業ＰＭＩの算出があります。いずれも50より上であれば好況、下回るようであれば不況度を推し量る１つの指標として活用されています。

高度な分析に定評があり、自動車業界や銀行業界のほとんどはこのＩＨＳマークイットと契約し、情報提供を受けています。

これらの指標はマクロの経済指標よりも発表が迅速で、速報性が期待できるためによく利用されています。データ分析とその販売を収益源にしている、情報サービスプロバイダという位置づけになります。

大きくセグメントは４つに分かれていますが、収益の40％は金融関連から生じており、とくに金融情報に強みを持っていることがわかります。

**過去5年では株価は3倍に近い伸びです。合併後しばしは無配企業でしたが、2020年2月から配当を出しています。**また直近の営業利益率は30％をこえる高い水準でした。それに伴い営業CFも潤沢です。

とりたてて大きな懸念材料は当面ありませんが、金融関連に強みを持つということで、経済動向には比較的影響を受けやすいと思われます。

この企業もスイッチングコストなどを考えると、独特の強みを持った企業と評価してよいでしょう。配当金を出し始めましたから、今後も気になる企業の1つです。

DATA

［株価］

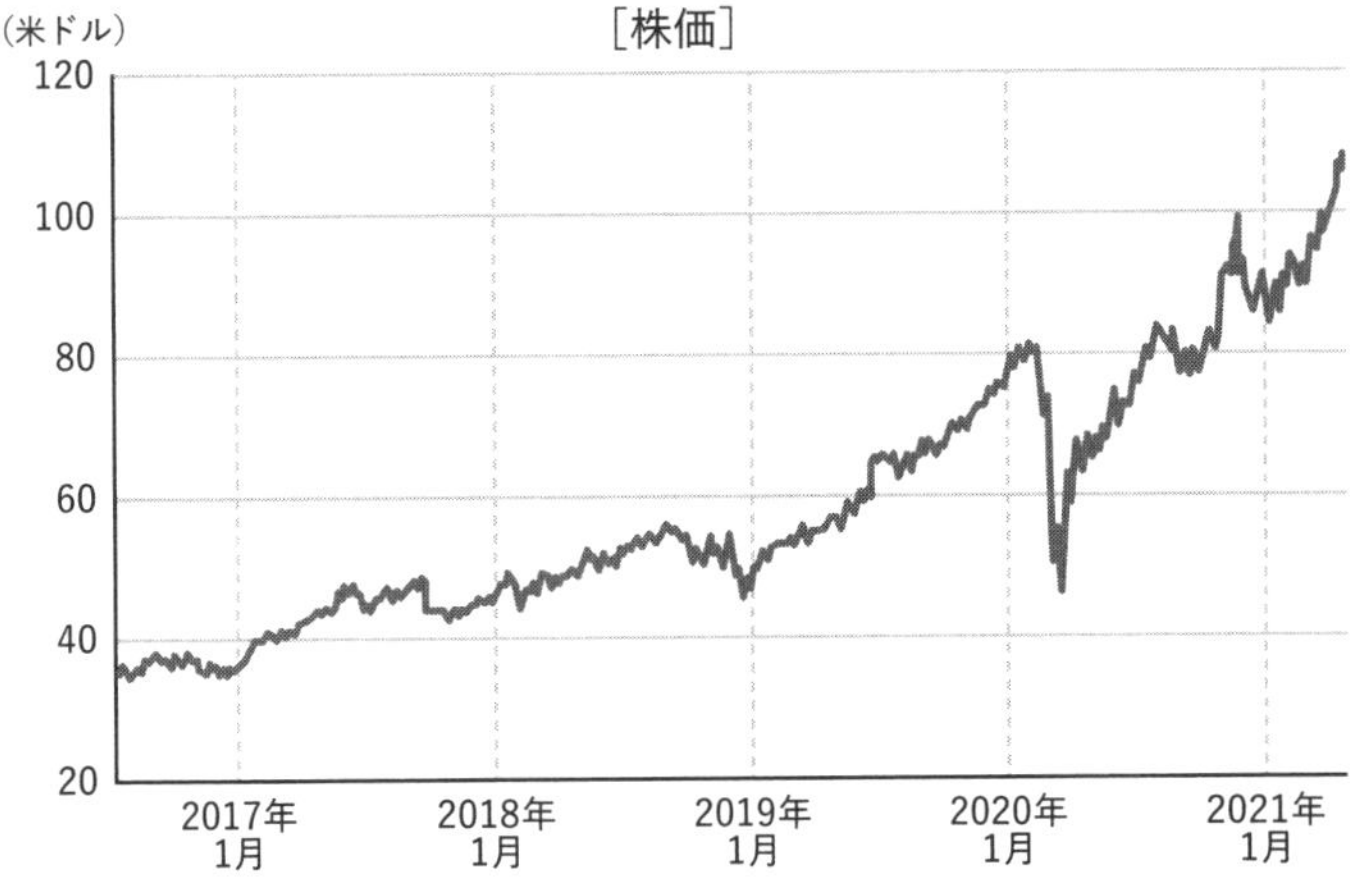


| 年度 | 売上高(億ドル) | 営業利益率 | 営業CF(億ドル) | EPS |
|---|---|---|---|---|
| 2016年11月 | 27.3 | 16.2% | 6.3 | 0.4 |
| 2017年11月 | 35.9 | 17.7% | 9.6 | 1.0 |
| 2018年11月 | 40.0 | 19.5% | 12.9 | 1.3 |
| 2019年11月 | 44.1 | 24.7% | 12.5 | 1.2 |
| 2020年11月 | 42.8 | 31.6% | 11.3 | 2.1 |

# CMEグループ

## 経済危機で逆張りする妙味がある先物取引企業

世界最大の商品・金融先物取引所の持株会社。シカゴ・マーカンタイルや電子取引システムGlobexは非常に有名です。先行指標として使用され、引用も非常に多く、信頼性の高い取引とデータを提供しています。日本人に有名なのは「日経平均先物」でしょう。CME日経平均先物は24時間取引され、とくに明け方の数値は寄り値の参考数値として多くの人になくてはならない存在です。

元々公営で1898年にシカゴ・バター・卵取引所として発足したのが始まり。その後はシカゴ商品取引所とシカゴ・バター・卵取引所に分かれてともに順調に規模を拡大させ、扱う先物商品も手広くなりました。2000年に株式会社化され、2007年にはシカゴ商品取引所（CBOT）を買収。100年の時を経て、両社は再合併したわけです。

2008年には石炭、原油、電力などの先物を扱うニューヨーク・マーカンタイル取引所（NYMEX）、アルミ、金銀銅の先物を扱うニューヨーク商品取引所（COMEX）と合併、世界最大級の取引量となっています。

**過去5年で株価は約2倍に成長。**先物商品を扱う取引所ということで、経済危機には弱

| | |
|---|---|
| ティッカーシンボル | CME |
| 決算期 | 12月 |
| セクター | 金融 |

いです。しかし、**配当成長は順調にしており、じつに10年で6倍にもなっています。**経済危機のときに逆張り買いする銘柄の1つと記憶しておいてよいでしょう。

また、営業利益率が高いです。悪くても50%台半ばです。これだけの高い営業利益は製造業では不可能で、先物取引市場という特殊な業態ならではでしょう。売上と営業利益も相関して上昇しており、業績は安定的といえます。株式取引所は世界中に多々あれど、これだけ大規模で広範な商品を扱う商品先物市場は世界において唯一無二です。ただし、業績は経済状況に深くかかわりますので、短期的な業績の上下動は当然あると踏まえておきたいです。

DATA

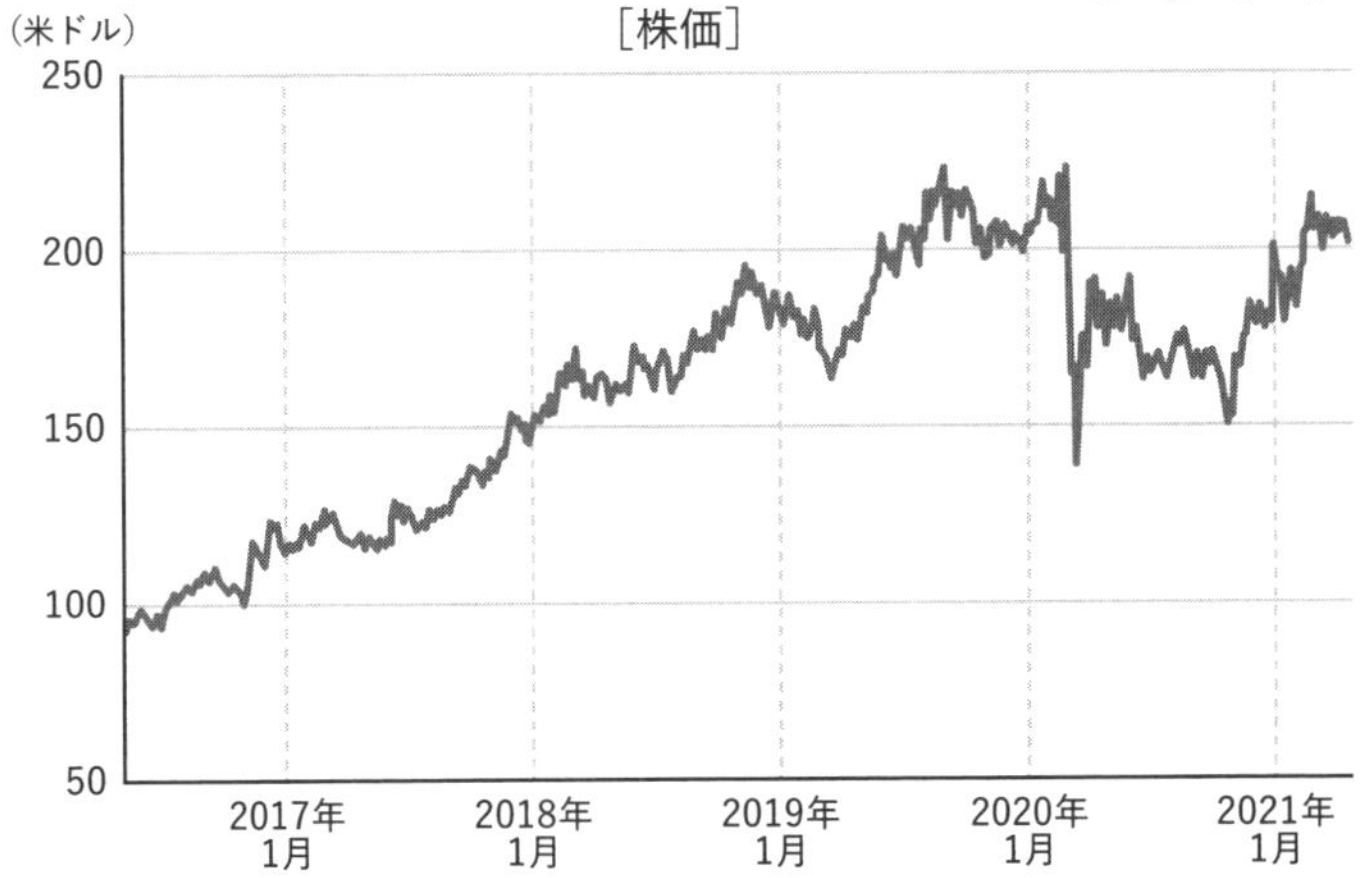


| 年度 | 売上高（億ドル） | 営業利益率 | 営業CF（億ドル） | EPS |
|---|---|---|---|---|
| 2016年12月 | 35.9 | 61.3% | 17.1 | 4.5 |
| 2017年12月 | 36.4 | 63.4% | 18.4 | 11.9 |
| 2018年12月 | 43.0 | 60.5% | 24.4 | 5.7 |
| 2019年12月 | 48.6 | 53.2% | 26.7 | 5.9 |
| 2020年12月 | 48.8 | 54.0% | 27.1 | 5.8 |

創業70年経っても売上を伸ばすコスメメーカー

# エスティローダー

（ティッカーシンボル）
EL

（決算期）
6月

（セクター）
生活必需品

## 1

946年にジョーゼフ・ローダー氏とエスティ・ローダー氏によってニューヨーク市で起業されました。初期は万能クリーム、パック、クレンジングオイル、スキンローションの4種類の製品を取り扱い、すぐに順調に業容を拡大します。起業からわずか14年後の1960年にはイギリスに進出。1961年には香港などのアジアにも進出しました。現在はエスティローダー、クリニーク（CLINIQUE）、メイクアップ アート コスメティックス（M・A・C）、アラミス（Aramis）、ドゥ・ラ・メール（DE LA MER）などのコスメ系、香水系ブランドのみならず、アパレルにも進出しています。

**過去5年では株価は約3倍になりました。**現在の株価では割安性は薄いものの、バランスのよいブランド戦略と、イメージづくりが魅力です。**決算を追いたい企業の1つといってよいでしょう。**2020年6月期決算は新型コロナの影響を避けきれず売上高が減少していますが、それまでは順調に成長していました。業界の平均成長率が5%程度であるところ、エスティローダーはコンスタントに伸ばしてきました。2019年6月期までは営業

CF、EPSも概ね順調に成長。競合他社が多いなかで堅実な経営が光ります。

今後の売上も、中間所得層が全世界的に増えることを考えると、成長余力が十分なマーケットを相手にしているといえるでしょう。しかし一方で同社の商品が「ぜいたく品」であることは事実。これは不況耐性が弱いことを意味します。

歴史的に北米、ユーロ圏に強みを持っている一方、新興国への浸透には改善の余地があり、全売上の20％にすぎません。先進国のコスメ、ヘアケアへの一人当たり支出は年間で300ドル近くになりますが、新興国は20ドル前後といったところ。新興国でのビジネス展開が今後の業績成長の鍵と考えられます。

DATA

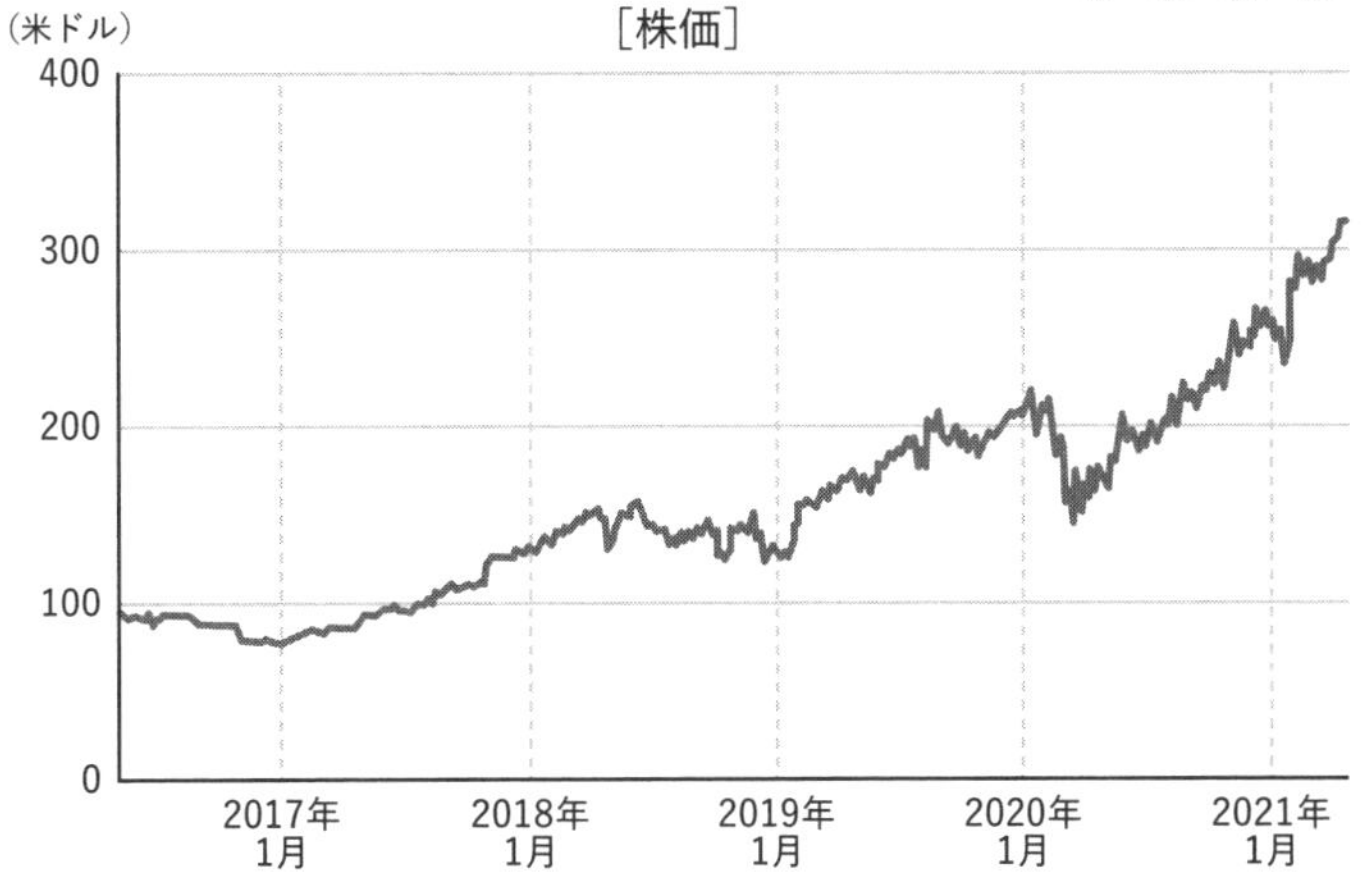


| 年度 | 売上高（億ドル） | 営業利益率 | 営業CF（億ドル） | EPS |
|---|---|---|---|---|
| 2016年6月 | 112.6 | 15.5% | 17.8 | 2.9 |
| 2017年6月 | 118.2 | 16.2% | 18.0 | 3.3 |
| 2018年6月 | 136.8 | 16.7% | 25.7 | 2.9 |
| 2019年6月 | 148.6 | 17.6% | 25.1 | 4.8 |
| 2020年6月 | 142.9 | 14.7% | 22.8 | 1.8 |

# ブラウン・フォーマン

## 世界の酒好きから愛されるスピリッツメーカー

ティッカーシンボル
BF.B

決算期
4月

セクター
生活必需品

ウイスキー世界一の「ジャックダニエル」やリキュール「サザンカンフォート」「シャンボール リキュール」、ウオッカ「フィンランディア」などのブランドをかかえます。現在では買収などを経て20以上のブランドを世界160か国以上で販売しています。

株式は議決権のあるA株と、議決権のないB株にわかれています。一般の投資家が購入できる株はB株です。A株は創業者であるジョージ・ガービン・ブラウン氏の後継一族が70％を保持しています。このように影響力を保持したまま同族経営をしています。

ジョージ・ガービン・ブラウン氏は1870年にケンタッキー州ルイビルにて、いまのブラウン・フォーマンの原型となる会社を兄弟で設立しました。ルイビルは設立以来、いまも本社所在地です。1923年に買収したアーリータイムズはその後、全米トップのバーボンになります。また、禁酒法を経つつも在庫や工業用アルコールなどで厳しい時代を乗り越えます。

1950年代に入ると、世界一のウイスキーシェアを持つようになるジャックダニエルを買収。これはいまのブラウン・フォーマンの旗《き》艦《かん》ブランドです。その後も買収を続け、世界的に見て著名なスピリッツメーカーとしての地位を確保しています。

**過去5年では株価は約2倍になりました。強固なブランドに支えられ、利益率が大きいことが特徴です。**サントリーもそうですが、この業界は熟成やブランドの技術などがモノをいうため、参入障壁は低くありません。売上の規模は世界4位です。

配当利回りは概ね1％弱で推移。どちらかというとキャピタルゲインを狙う株です。配当性向は安定的に推移しており、業績見通しなどから勘案しても無理のない配当ですね。

自社株買いを積極的にしていることも特徴です。

DATA

| 年度 | 売上高（億ドル） | 営業利益率 | 営業CF（億ドル） | EPS |
|---|---|---|---|---|
| 2016年4月 | 30.8 | 33.9% | 5.2 | 2.0 |
| 2017年4月 | 29.9 | 33.0% | 6.3 | 1.3 |
| 2018年4月 | 32.4 | 32.0% | 6.3 | 1.4 |
| 2019年4月 | 33.2 | 34.4% | 8.0 | 1.7 |
| 2020年4月 | 33.6 | 32.4% | 7.2 | 1.7 |

# ストライカー

高齢化で需要が高まる整形外科向け機器メーカー

（ティッカーシンボル）SYK
（決算期）12月
（セクター）ヘルスケア

再建系の整形外科にとくに強い医療機器メーカーで、脊椎、股関節やひざ関節の器具や、内視鏡、手術室機器に強みを持ちます。内視鏡のライバル企業は日本のオリンパスです。

創業は1941年。整形外科医をしていたホーマー・ストライカー氏が当時の医療器具に不満を抱き、自分で医療機器の開発に乗り出したのがビジネスのスタートでした。現在では手術用電動工具、医療用ナビゲーションシステム、内視鏡手術機器、救急搬送用ストレッチャー、病室ベッド、避難用車椅子なども提供しています。

また、2013年の香港Trausonや2018年のK2Mグループの買収にみられるように、シナジーのある同業他社のM&Aに長けています。加えて2019年はWright Medicalの買収を手掛けており、買収の方向性は一貫性があります。

**過去5年では株価は約2・5倍になりました。最大の魅力は高い売上成長率です。また、やや下がりつつあるものの20％前後の営業利益率も魅力です。**ストライカーが得意とするひざ関節や股関節、脊椎などは加齢にともなう問題が生じやすい部位です。そのため、ニーズは今後も高まることが予想されます。

配当利回りは1％程度と決して目立つ水準ではありませんが、配当は伸びており、配当性向も無理のない水準です。増配ペースが速いですが、株価がそれ以上に伸びるため、古くからのホルダーはインカム、キャピタルゲイン両方で利益を享受できています。

一方、米国企業の多くにみられるような自社株買いはあまりしていません。EPSの成長は売上成長の割には鈍いです。収益を企業買収に回して、さらにシナジーを高める、そのようなサイクルになっている印象です。売上、利益ともに長期で伸び続けており、興味深い企業の1つです。

DATA

| 年度 | 売上高（億ドル） | 営業利益率 | 営業CF（億ドル） | EPS |
|---|---|---|---|---|
| 2016年12月 | 113.2 | 20.5% | 18.1 | 4.3 |
| 2017年12月 | 124.4 | 19.8% | 15.5 | 2.6 |
| 2018年12月 | 136.0 | 18.8% | 26.1 | 9.3 |
| 2019年12月 | 148.8 | 19.5% | 21.9 | 5.4 |
| 2020年12月 | 143.5 | 15.6% | 32.7 | 4.2 |

半導体関連のリーディングカンパニー

# KLAコーポレーション

（ティッカーシンボル）
KLAC

（決算期）
6月

（セクター）
情報技術

近年好業績で知られる半導体関連企業です。1997年にKLAとテンコールが合併し、飛躍的に会社が大きくなりました。もともとは1975年の創業で、創業時からの祖業は半導体製造における製造検査装置の提供です。

いまはおもに半導体関連のプロセス制御機器や歩留まり解析システムで知られています。広いくくりでは、半導体製造における装置メーカーということです。ライバル企業はアプライドマテリアルズ【AMAT】、日立などです。この半導体「周り」の産業はプレーヤーが限られており、投資目線でいうとなかなかおもしろみがあります。

KLAコーポレーションは、M&Aにも定評があり多くの企業群を買収し、シナジーを高めてきましたが、近年は被買収側としてラムリサーチとの合併が話題になりました。ただし、これは反トラスト法に抵触するとして破談になっています。

**過去5年で株価は約4倍になりました。5年で2倍の売上になっており、株価躍進の一因になっています。**営業利益もよく伸びていると評価していいでしょう。

また、平均して30％ある営業利益率は、この業界における競争力を有していることの1つの証明になっています。

EPSも概ね業績を反映したものとなっています。シナジーの期待できる企業をM＆Aで取りこみ、企業利益を最大化していくという流れは今後も続くでしょう。

キャッシュフロー推移も順調で、製造業ではありますが高い利益率を反映した推移になっています。

このジャンルでのリーディングカンパニーであり、つねに技術革新を続けていく必要があるのは事実です。しかし、長年にわたってつくり上げてきた現在の立場、効果的なM＆Aは地位を守るのに十分に見えます。

DATA

［株価］

| 年度 | 売上高（億ドル） | 営業利益率 | 営業CF（億ドル） | EPS |
|---|---|---|---|---|
| 2016年6月 | 29.8 | 32.2% | 7.6 | 4.4 |
| 2017年6月 | 34.8 | 36.7% | 10.8 | 5.8 |
| 2018年6月 | 40.3 | 38.1% | 12.2 | 5.1 |
| 2019年6月 | 45.6 | 30.4% | 11.5 | 7.4 |
| 2020年6月 | 58.0 | 30.3% | 17.7 | 7.7 |

# ウォルト・ディズニー・カンパニー

## Huluも子会社化したメガ・メディア企業

（ティッカーシンボル）DIS
（決算期）9月
（セクター）コミュニケーションサービス

1923年にウォルト・ディズニー氏、ロイ・O・ディズニー氏によって創業されました。ウォルトがさまざまなキャラクターを考案するなど創造的な働きをしたのに対し、ロイはディズニー社を企業として、とくに財政面から支えた人物です。

1955年にはカリフォルニア州でテーマパークであるディズニーランド構想を具現化。その後1965年に構想は総合レジャーランドとして昇華し、ホテルやウォーターパークも含んだウォルト・ディズニー・ワールド・リゾートの実現につながります。これはフロリダ州に位置し、20のホテル、ゴルフコース、4つのディズニーパーク、2つのディズニーウォーターパークを含む広大なアミューズメントリゾートです。

日本だとディズニーランドやアニメ映画のイメージが強いですが、米国では3大放送ネットワーク局（いわゆるキー局）の1つABC（アメリカン・ブロードキャスティング・カンパニー）やスポーツ専門局のESPNを傘下に納めるメディアコングロマリットです。近年は2017年の21世紀フォックスの買収が有名です。フォックスは、『アバター』『ボヘミアン・ラプソディ』といった映画で知られます。また、21世紀フォックスとコムキャストで立ち上げたHuluも2019年に子会社化。これによりディズニー＋、ESPN＋、Huluと3つの月額サービスが並び立つことになっています。

このことからもわかるように、ディズニーはアニメコンテンツ企業から、横断的なメディアプラットフォーマー、メディアコングロマリットへ変貌を遂げようとしています。さしずめ、ライバルはネットフリックス【NFLX】やAmazonプライムになります。

**株価は5年で約1・8倍と緩やかな伸びですが、赤字決算で終わった業績を考慮すると株価は健闘しているようにも思います。**

DATA

［株価］

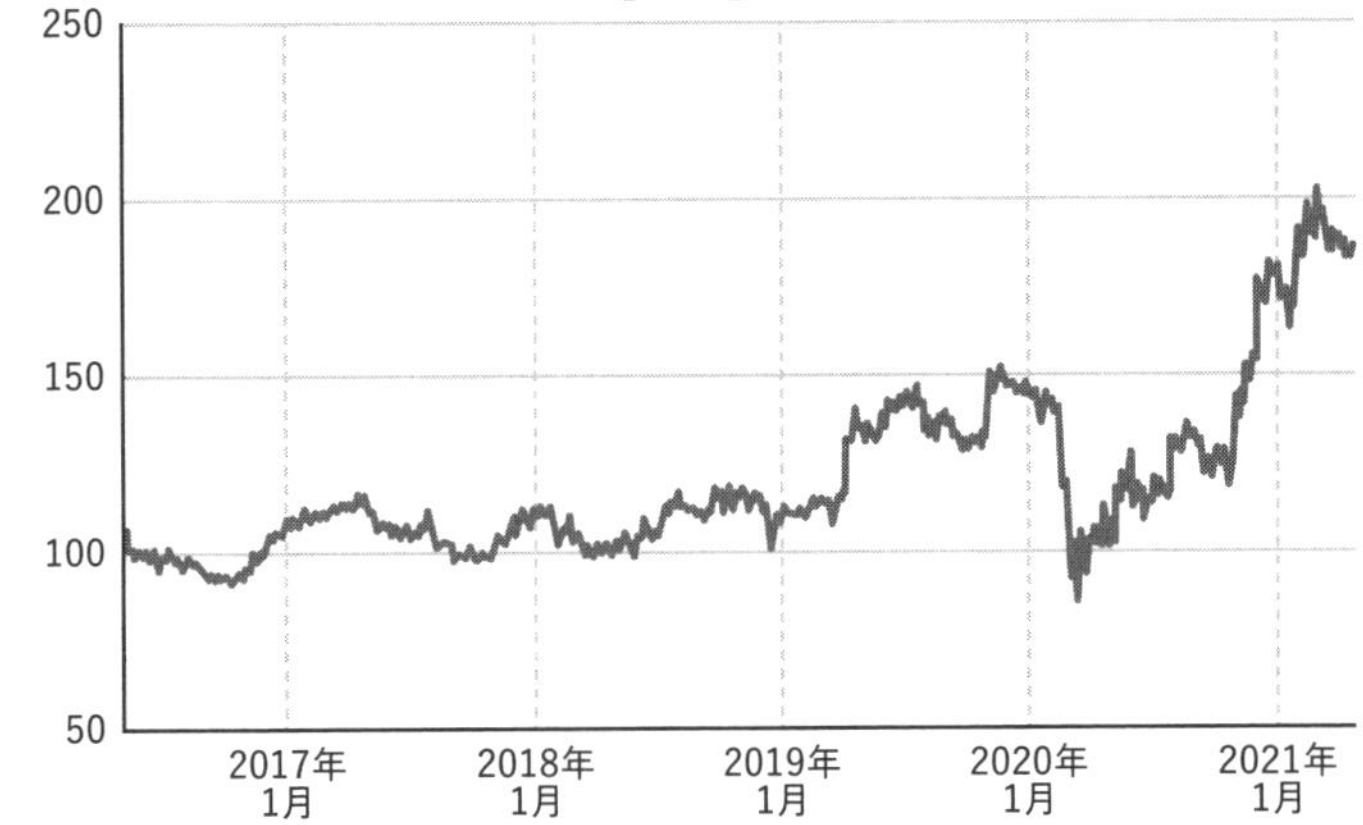


| 年度 | 売上高(億ドル) | 営業利益率 | 営業CF(億ドル) | EPS |
|---|---|---|---|---|
| 2016年9月 | 556.3 | 25.8% | 132.1 | 5.7 |
| 2017年9月 | 551.3 | 25.2% | 123.4 | 5.6 |
| 2018年9月 | 594.3 | 25.0% | 142.9 | 8.3 |
| 2019年9月 | 695.7 | 17.0% | 66.0 | 6.6 |
| 2020年9月 | 653.8 | 5.8% | 76.1 | -1.5 |

# ブラックロック

「iシェアーズ」を展開する資産運用会社

「iシェアーズ」シリーズのETFなどで有名なアメリカの資産運用会社。預かり資産は9兆ドル、日本円で995兆円ともいわれます。今後も環境は厳しくなるとはいえ、4%程度の運用総額の成長が見込まれます。ETFなどを通して投資している多くの企業の大株主で、その投資対象は全世界です。世界24か国で展開をし、上場ETFも数多くあります。

同社は1988年にローレンス・D・フィンク氏らが設立。もともと有名な投資運用会社であるブラックストーン社の債券運用部門として設立され、その後PNCに買収されますが1999年に再び独立、株式を公開。メットライフ、メリルリンチ、バークレイズなどの金融大手の資産運用部門と合併や吸収を経て現在に至ります。リーマンショックによる業界再編にうまく乗りました。機会を生かして、設立後約30年で大きく成長。パッシブ運用でトップシェアを築き上げ、しかもその業界は完全に寡占です。スケールメリットを生かし、価格競争力にも定評があります。

**株価は5年で約2倍ですが、金融株特有の値動きをするので、比較的荒めだということ**

（ティッカーシンボル）
BLK

（決算期）
12月

（セクター）
金融

**は頭の片隅に置いておかなくてはいけません。**しかし営業利益率が40％程度ある高収益企業ですので、ほかの金融株とひとくくりにしないほうがいいと考えます。

現在、運用額の2／3がパッシブ運用で、総収益の半分がパッシブ運用由来です。新規流入資金の多くがｉシェアーズなどの低コスト商品に向かっており、今後もこの流れが加速することはあっても、止まることはないでしょう。これはすなわち利益率の低下を意味します。金融業界は今後引き続いてこのような「低コストの波」と向き合うことになります。とはいえ十分なスケールを得ているブラックロックは、これからも業界のキープレイヤーであることに間違いないでしょう。

DATA

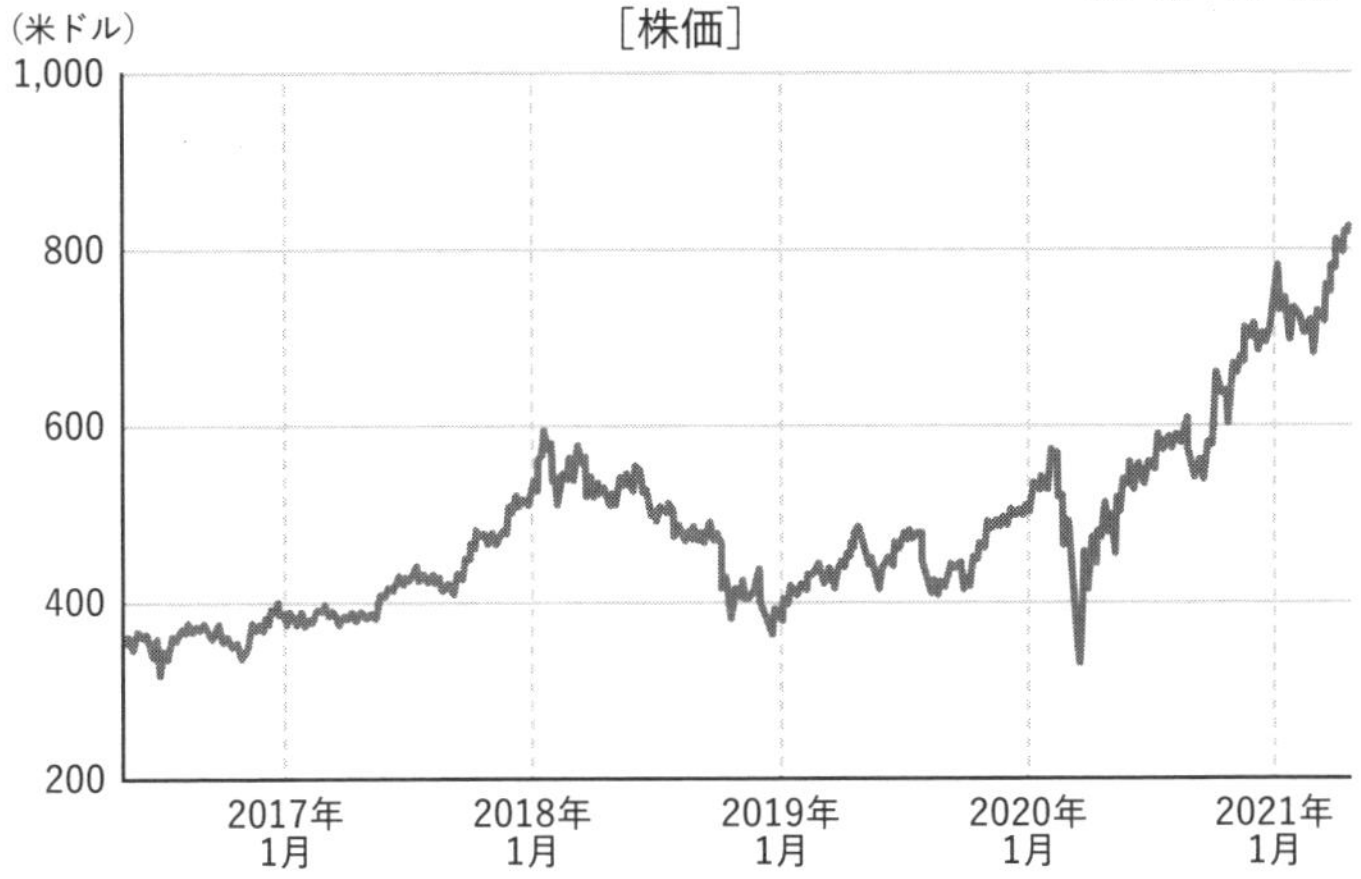


| 年度 | 売上高（億ドル） | 営業利益率 | 営業CF（億ドル） | EPS |
|---|---|---|---|---|
| 2016年12月 | 111.5 | 41.6% | 21.5 | 19.0 |
| 2017年12月 | 124.9 | 42.2% | 38.2 | 30.1 |
| 2018年12月 | 141.9 | 39.4% | 30.7 | 26.5 |
| 2019年12月 | 145.3 | 38.8% | 28.8 | 28.4 |
| 2020年12月 | 162.0 | 39.0% | 37.4 | 31.8 |

# ダナハー

高い営業利益を誇る医療機器の持株会社

ティッカーシンボル
DHR

決算期
12月

セクター
ヘルスケア

業態としてはライフサイエンス・医療診断機器・歯科医療機器などの分野における製造業企業群を保有する持ち株会社です。昨今は、とくにヘルスケアにシフトしています。

この会社のおもしろいところは、M&Aによる企業再生で規模を大きくしてきたところです。

祖業はスティーブン・レイルズ氏とミッチェル・レイルズ氏により1969年に設立された不動産会社でした。しかし、独自の企業買収からの収益化システムを導入し、いまでは製造業のほうが本業になっています。なお、この経営システムにはダナハー・ビジネス・システム（DBS）という名称がついています。トヨタのカイゼンシステムに大きな影響を受けており、導入改良して成果に結びつけているのは注目されてよいでしょう。

売上の構成は、主力の医療機器が6割を占めます。診断機器、デジタルイメージングシステム、光学機器、顕微鏡など多岐にわたります。売上の地域は北米（40・4％）、西ヨーロッパ（23・9％）、その他の先進国（5・8％）、新興国（29・8％）というかたちで広く分散しています。

**株価は5年で約2・5倍になりました。売上高、営業利益率、営業CF、EPSも順調に成長しているといえます。**とくに営業利益率は製造業のなかでは高い水準です。

ハイテクなどに比べると華やかさに欠けるかもしれませんが、セクター分散を図るという意味でポートフォリオに加えることを検討してもいい銘柄でしょう。

ただし、ヘルスケアセクターは競合も多いです。セグメントでいうととくに歯科系は競争が激しく、売上成長率、利益率ともに低いです。これは明らかに懸念材料で、今後に期待されるところです。

DATA

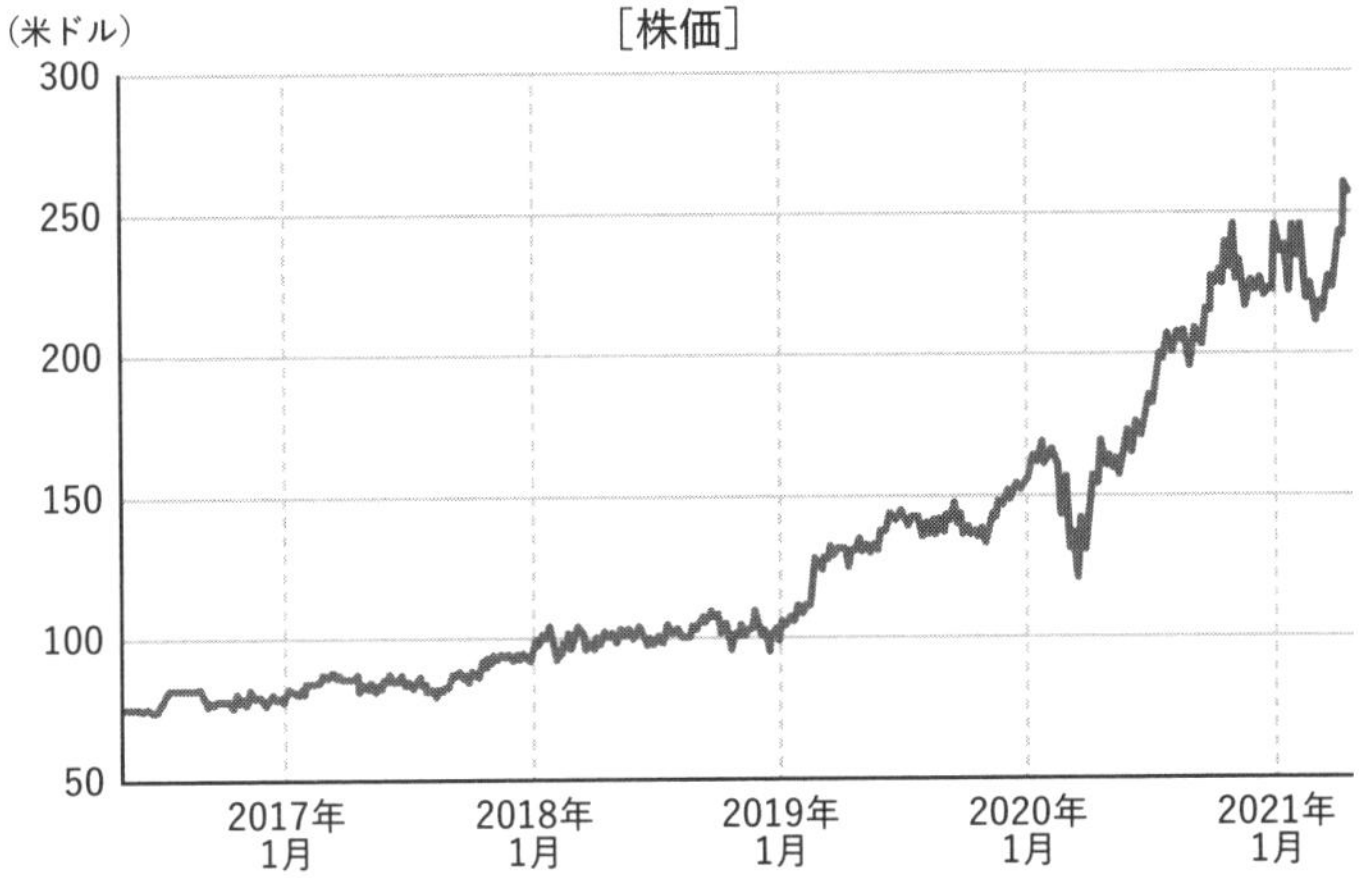


| 年度 | 売上高（億ドル） | 営業利益率 | 営業CF（億ドル） | EPS |
|---|---|---|---|---|
| 2016年12月 | 168.8 | 16.3% | 35.2 | 3.6 |
| 2017年12月 | 183.3 | 16.5% | 34.7 | 3.5 |
| 2018年12月 | 198.9 | 17.1% | 40.2 | 3.7 |
| 2019年12月 | 179.1 | 18.3% | 39.5 | 4.0 |
| 2020年12月 | 222.8 | 19.0% | 62.0 | 4.8 |

# ゾエティス

## ライバルの少ないペット・家畜向け製薬メーカー

ティッカーシンボル ZTS
決算期 12月
セクター ヘルスケア

ペットや家畜用の製薬メーカーです。高品質の診断キット、遺伝子診断、米国や日本においてはペット用の薬の販売で存在感を示しています。新興国を含む世界では、家畜用の薬の販売でよく知られています。

動物向けの製薬業界は、人間向けの製薬業界と比べるとライバル企業がまだまだ少ないです。そのため、市場をほとんど寡占しており、強みがあります。

もともとはファイザー【PFE】の一部門でした。1952年にファイザーが農畜産部門を設立、1988年にはファイザーアニマルヘルス部門と改称しています。ファイザー内でのアニマルヘルス部門がスピンオフされたのがゾエティスです。

ファイザー時代からの歴史は70年に及び、この間数々のM&Aを経て業界トップの座を得ています。広範囲寄生虫駆除剤DECTOMAX（デクトマックス）は画期的で、いまもゾエティスの売上に大きく貢献しています。

製薬会社というとどうしても新薬開発からのジェネリックとの競合が問題になります。しかしゾエティスの場合は業界自体がそこまで大きくなく、競合が限られるため、ジェネリックとの競合は緩やかです。たとえば、犬の鎮痛薬であるRimadylなどは21世紀初頭に特許が切れましたが、いまだに売上を伸ばしています。

買収も効果的で、シナジーを生み出すと同時に寡占傾向を強めるのに一役買っています。参入障壁は高く、製薬業界でも数少ない、唯一無二の存在感を持つ企業の1つといってよいでしょう。

**株価は5年で約3倍になりました。売上高、営業利益率、営業CF、EPSのすべてが過去5期、概ね順調に成長し続けています。**競争の激しいヘルスケアセクターにあって、比較的買いやすい銘柄の1つでしょう。

DATA

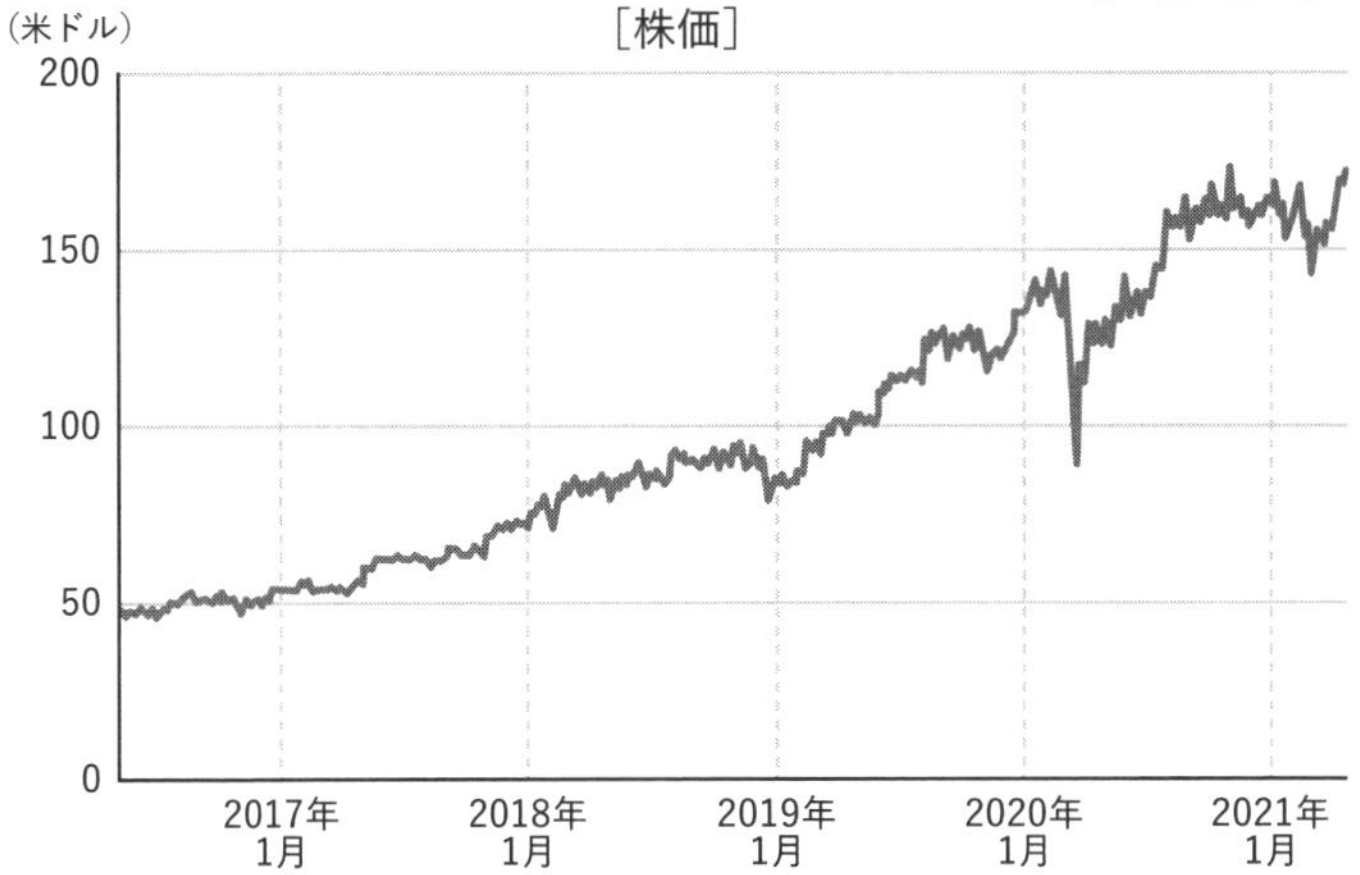


| 年度 | 売上高（億ドル） | 営業利益率 | 営業CF（億ドル） | EPS |
|---|---|---|---|---|
| 2016年12月 | 48.8 | 28.6% | 7.1 | 1.6 |
| 2017年12月 | 53.0 | 32.5% | 13.4 | 1.7 |
| 2018年12月 | 58.2 | 32.3% | 17.9 | 2.9 |
| 2019年12月 | 62.6 | 32.2% | 17.9 | 3.1 |
| 2020年12月 | 66.7 | 34.0% | 21.2 | 3.4 |

# オートマティック・データ・プロセッシング

## 信頼性の高い指標も出す総務の外注企業

ティッカーシンボル
ADP

決算期
6月

セクター
資本財

1949年に設立された、給与計算アウトソーシングで世界一の企業です。給与計算のみならず、人事や税金、社会保険など企業の総務的な部分を、ITを活用して請け負っている企業です。

ITアウトソーシングという業種ならば、IBM【IBM】やヒューレット・パッカード【HPQ】もあります。

米国の雇用統計は景気動向を占う1つの指標ですが、この先行指標として2006年からADP社が出している雇用統計があります。これが「ADP雇用者数」です。毎月、労働省発表の統計よりも2日早い第一水曜日に出され、概ね高い相関を示します。そのため、もっとも信頼できる先行指標として使われます。ちなみにムーディーズ【MCO】も雇用統計を出しています。

ADP社は全米で50万社を超える企業を顧客とし、給与計算を引き受けています。これがなにを意味するかというと、契約企業の雇用状況が把握できるということです。そのデータを集め、統計として出しているということです。契約企業数が多いためその数字はかなり信頼性が高く、広く使われています。

**株価は5年で2倍。ほかの業績指標もゆるやかに上昇しています。業務内容は地味ですが、着実に業績を上げているところが好感を持てます。**さらに特筆すべきは45年連続した増配銘柄であることです。

給与計算システムは一度導入すると他社への乗り換えコストがかかるため、クライアントに比較的長く使われる傾向にあります。ADPの場合は北米を中心に大きなシェアを持ち、安定した収益を上げることに成功しています。経理や総務に多くの人員を割けない中小企業へよく浸透し、それらの企業のアウトソース需要に応えています。

IT業界における生活必需品メーカーのような存在といえるでしょう。

DATA

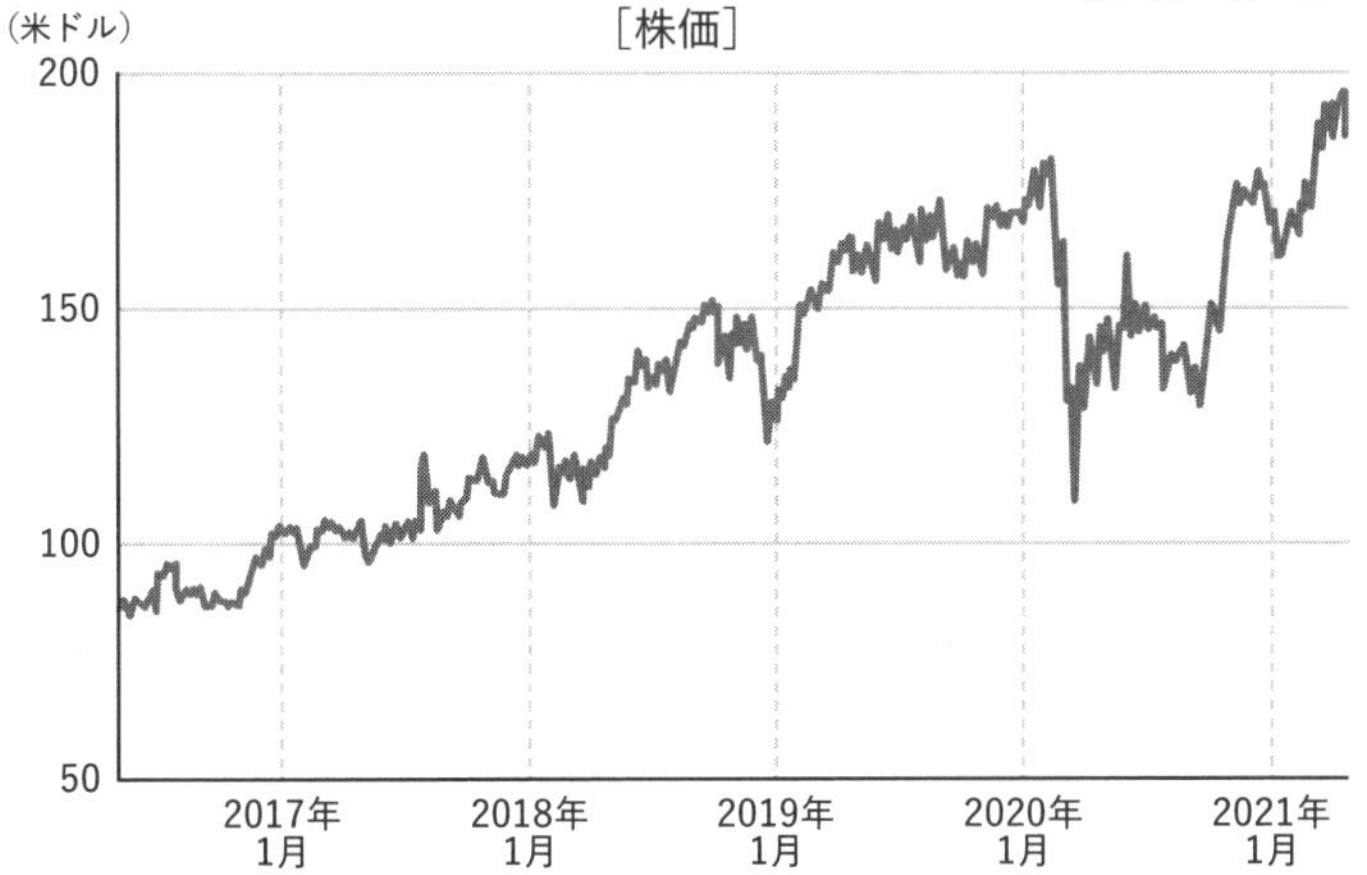


| 年度 | 売上高（億ドル） | 営業利益率 | 営業CF（億ドル） | EPS |
|---|---|---|---|---|
| 2016年6月 | 116.6 | 18.8% | 18.9 | 3.2 |
| 2017年6月 | 123.7 | 18.8% | 21.2 | 3.9 |
| 2018年6月 | 133.2 | 18.8% | 25.1 | 4.2 |
| 2019年6月 | 141.7 | 21.3% | 26.8 | 5.2 |
| 2020年6月 | 145.8 | 21.5% | 30.2 | 5.7 |

信用スコアリング業務で存在感を示す

# フェア・アイザック

フェア・アイザックはエンジニアのビル・フェア氏と数学者アール・アイザック氏によって、1956年にFair Isaac and Companyとして設立されました。クレジットスコアリング、信用分析会社としてよく知られています。

同社の出すのスコアは、「FICOスコア」とよばれます。消費者の信用リスクを測るもっともよく使われる尺度の1つで、米国の大手金融機関上位100社中90社がリスク評価に活用しています。FICOスコアは、エキファックス【EFX】、エクスペリアン【EXPN】、トランスユニオン【TRU】といった消費者信用を扱う企業でも広く利用されています。

消費者行動を予測するためのFICOのビッグデータと数学的アルゴリズムで、リスク管理、不正検知、優良顧客との関係構築、業務最適化のための分析ソフトウェアとツールを提供し、クラウドへの投資（買収も含め）の結果、いまではそのほとんどがSaaS（必要な機能を必要な分だけサービスとして利用できるようにしたソフトウェア）ベースでも提供可能となっています。

（ティッカーシンボル）
FICO

（決算期）
9月

（セクター）
情報技術

**株価は5年で約5倍。売上高も右肩上がりで成長しています。売上高以外の財務指標も順調に成長。**今後もこういった信用情報というのは利用拡大することはあっても、縮小することはないでしょう。営業効率向上を可能にしますから、信用データは非常に大事です。

銀行口座や投資口座の残高や管理状況もみて信用スコアリングを行うウルトラFICOスコアを発表し、今後は個人レベルの信用情報提供ビジネスが期待されます。

ただ一方で、株価の成長が順調すぎているきらいがあるようにも感じます。FICOもリセッションには強くない銘柄ですので、ウォッチしておくとよいことがあるかもしれません。

DATA

| 年度 | 売上高（億ドル） | 営業利益率 | 営業CF（億ドル） | EPS |
|---|---|---|---|---|
| 2016年9月 | 8.8 | 19.2% | 2.1 | 3.3 |
| 2017年9月 | 9.3 | 19.5% | 2.2 | 4.1 |
| 2018年9月 | 10.3 | 20.0% | 2.2 | 4.0 |
| 2019年9月 | 11.6 | 21.9% | 2.6 | 6.3 |
| 2020年9月 | 12.9 | 26.3% | 3.6 | 7.9 |

# S&Pグローバル

## S&P500の指数も出す信用格付会社

信用格付け、プラッツ分析、株式や債券のインデックス事業などの事業を営んでいる企業です。信用格付けではムーディーズ【MCO】とフィッチ・レーティングス・リミテッド、インデックス指数算出ではMSCI Inc.【MSCI】やFTSE Russellが競合企業になります。

もともとの母体であるマグロウヒル社は出版社でしたが、スタンダード・アンド・プアーズの買収以後は金融サービス業が中心。マグロウヒルはビジネス・ウィーク誌の発行元でした。対するスタンダード・アンド・プアーズは、スタンダード統計と、プアーズ出版が1941年に合併してできた会社です。金融総合サービスとして知られ、出版よりもこちらのほうが有名で、社名にも反映されています。傘下の企業でなじみ深いのは「S&Pダウ・ジョーンズ・インデックス」でしょう。S&P500やダウ平均株価の算出をしていて非常によく知られた指数です。S&Pグローバルはとくに大型株指数に強いですね。MSCIは国際的な指数に強く、FTSE Russellは小型株指数に強い、という具合にすみわけがされています。

ティッカーシンボル
SPGI

決算期
12月

セクター
金融

**株価は過去5年で約3・5倍。営業利益率が40〜50％と高い水準であることが特徴です。**

祖業である出版部門の縮小、売却を始めてから高い利益体質になりました。

世界的なアクティブからパッシブへの運用の変遷がありました。その最大限の利益を享受した企業の1つです。インデックスのスイッチングコストは安いものではなく、顧客の囲い込みという意味では非常に強いです。

また、不況時においても営業利益率はあまり影響を受けず、赤字にもなっていません。

そういう意味では、金融サービス特有のボラタイルな側面はありますが、比較的安心して長期投資できる銘柄の1つといえます。

DATA

| 年度 | 売上高（億ドル） | 営業利益率 | 営業CF（億ドル） | EPS |
|---|---|---|---|---|
| 2016年12月 | 56.6 | 59.0% | 15.6 | 7.9 |
| 2017年12月 | 60.6 | 42.6% | 20.1 | 5.7 |
| 2018年12月 | 62.5 | 44.5% | 20.6 | 7.7 |
| 2019年12月 | 66.9 | 48.1% | 27.7 | 8.6 |
| 2020年12月 | 74.4 | 48.6% | 35.6 | 9.6 |

不況のときに妙味が出る株価指数算出企業

# MSCI Inc.

ティッカーシンボル
MSCI

決算期
12月

セクター
金融

株価指数算出やポートフォリオ分析で知られます。日本人が好んで投資するMSCIコクサイなどの株価指数も算出していますす。1965年に現在のキャピタル・グループの子会社として設立。1985年にジュネーブの支社が指数算出を担うようになり独立します。翌1986年にモルガン・スタンレーに買収されますが、同社は2009年に全株式を売却、独立していまに至ります。

現在では米国やヨーロッパ、アジアの国々の経済的な主要都市でビジネスを展開。金融系の高収益企業で、営業利益率が50％前後の高い水準です。手数料商売の利益率の高さが如実に出ていますね。しかもライバル企業も多くなく、S&P500指数を算出するS&Pグローバル【SPGI】ぐらいです。理想的なビジネスモデル、業界地図といえます。

**株価は5年で約5倍。金融株ですので、リセッションには弱く、たとえばリーマンショック時に大きく下げました。**リセッション時に銀行株に買い向かうのは勇気がいりますが、MSCIのような特殊性ある金融株はやや悠長に構えて買い向かえると考えます。特殊性ある金融銘柄はCMEグループ【CME】や

【SPGI】、広い意味ではビザ【V】やマスターカード【MA】も入ります。収益性が高く、妙味が出やすい銘柄です。ボラタイルな側面をどうとらえるかで投資方針が変わりそうです。

世界的な潮流であるアクティブからパッシブ運用への資産変動の恩恵をもっとも受ける企業の1つです。指数の乗り換え、スイッチングコストもかかることから、継続する契約率も高く、安定的な手数料収入を得ています。運用会社トップのブラックロックからの収益が非常に大きく、収益の10%以上。これらの運用会社あっての高収益ですから、既存運用会社との良好な関係を保ちつつ、企業活動を継続していくことが求められます。

DATA

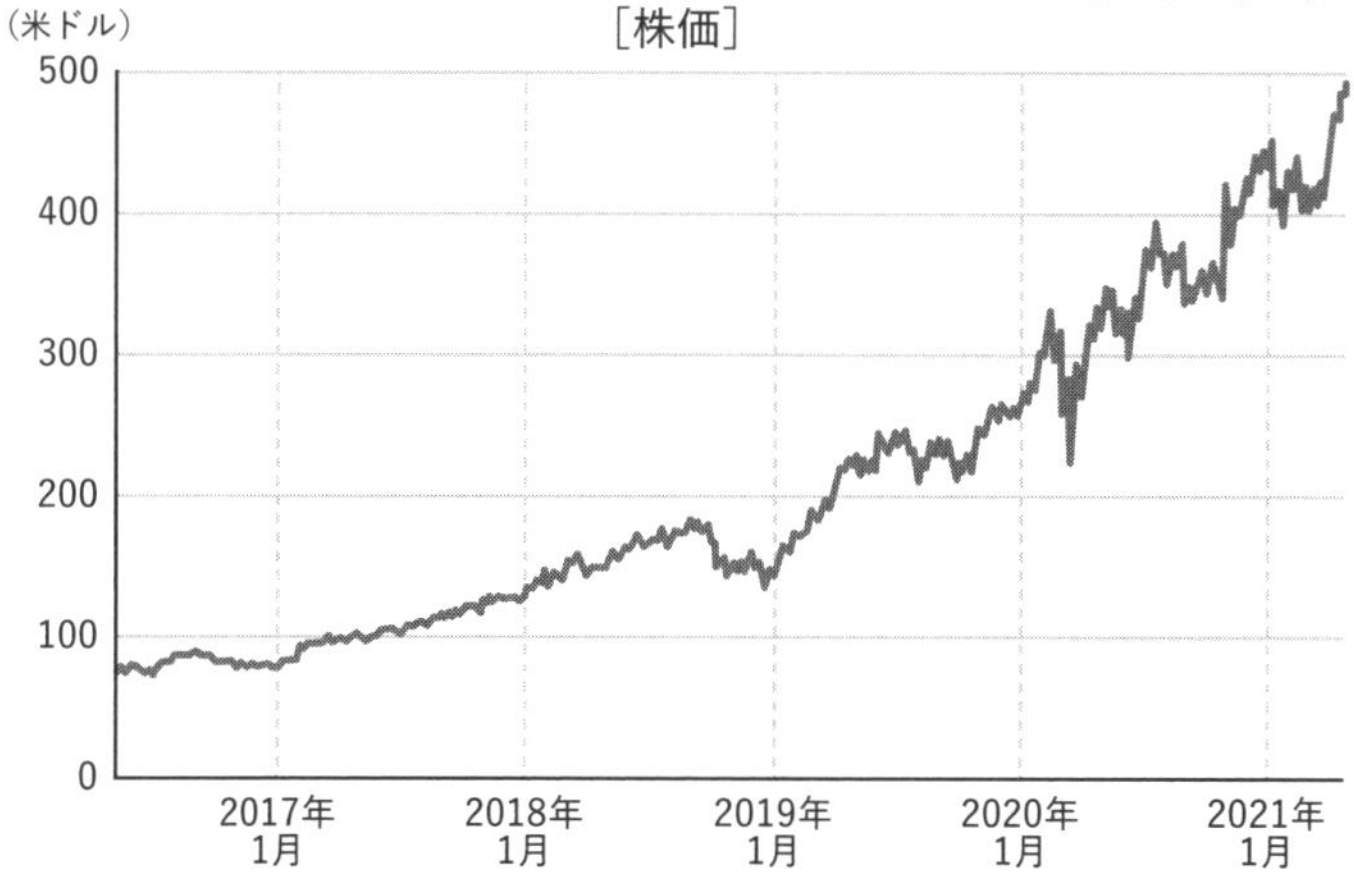


| 年度 | 売上高（億ドル） | 営業利益率 | 営業CF（億ドル） | EPS |
|---|---|---|---|---|
| 2016年12月 | 11.5 | 42.4% | 4.4 | 2.7 |
| 2017年12月 | 12.7 | 45.5% | 4.0 | 3.3 |
| 2018年12月 | 14.3 | 47.9% | 6.1 | 5.6 |
| 2019年12月 | 15.5 | 48.5% | 7.1 | 6.5 |
| 2020年12月 | 16.9 | 52.2% | 8.1 | 7.1 |

# ビザ

## 圧倒的な先行者利益を持つクレカ会社

ティッカーシンボル
V

決算期
9月

セクター
情報技術

世界一のシェアをもつクレジット・カード会社です。よくマスターカード【MA】と比較されますが、両社とも極めて成長性が高く、利益率も高いです。売上は世界中で伸び続けており、今後も鈍る可能性は低そうです。

1958年にバンク・オブ・アメリカがBankAmericardを発行したことからビジネスが始まります。1976年にビザに社名変更しました。

**業績は素晴らしいです。営業利益率は65%前後と売上高の2／3に相当します。**シンプルにクレジット・カードが利用されればされるほど、利益が大きくなる企業です。これだけの企業は米国においても多くありません。**株価も5年で約4倍に成長しました。**

アマゾンやアリババなどのネット小売において強みを持つ企業が決済システムに進出し、ビザなどの牙城を侵食するのではないかという点が懸念材料ではあります。これほどに儲かるシステムを指をくわえて見ているとも思えず、今後の参入企業が増えれば営業利益率は落ちるのが自然でしょう。

ただし、世界各国における先行者利益は十

分すぎるほどに築き上げており、そう簡単に後発に譲らない強みを持っているのは事実です。全世界におけるカード決済のおよそ半分がビザといわれますから、その圧倒的シェアはそう簡単には崩れないでしょう。つまり、**ビザ単体における死角はほとんどありません。そのため株価はつねに割高な水準です。**一方で、金融危機にはかなり敏感な株価変動を示すことは知っておいてよいでしょう。

２０１８年末のＦＲＢ利上げの際には、大きく落ちこみました。このような成長株はどんなときが買いごろというのはなかなかいえません。毎年諸指標が変わりすぎるからです。この10年に関する限り「押し目待ちに押し目なし」という言葉通りの推移です。

DATA

［株価］

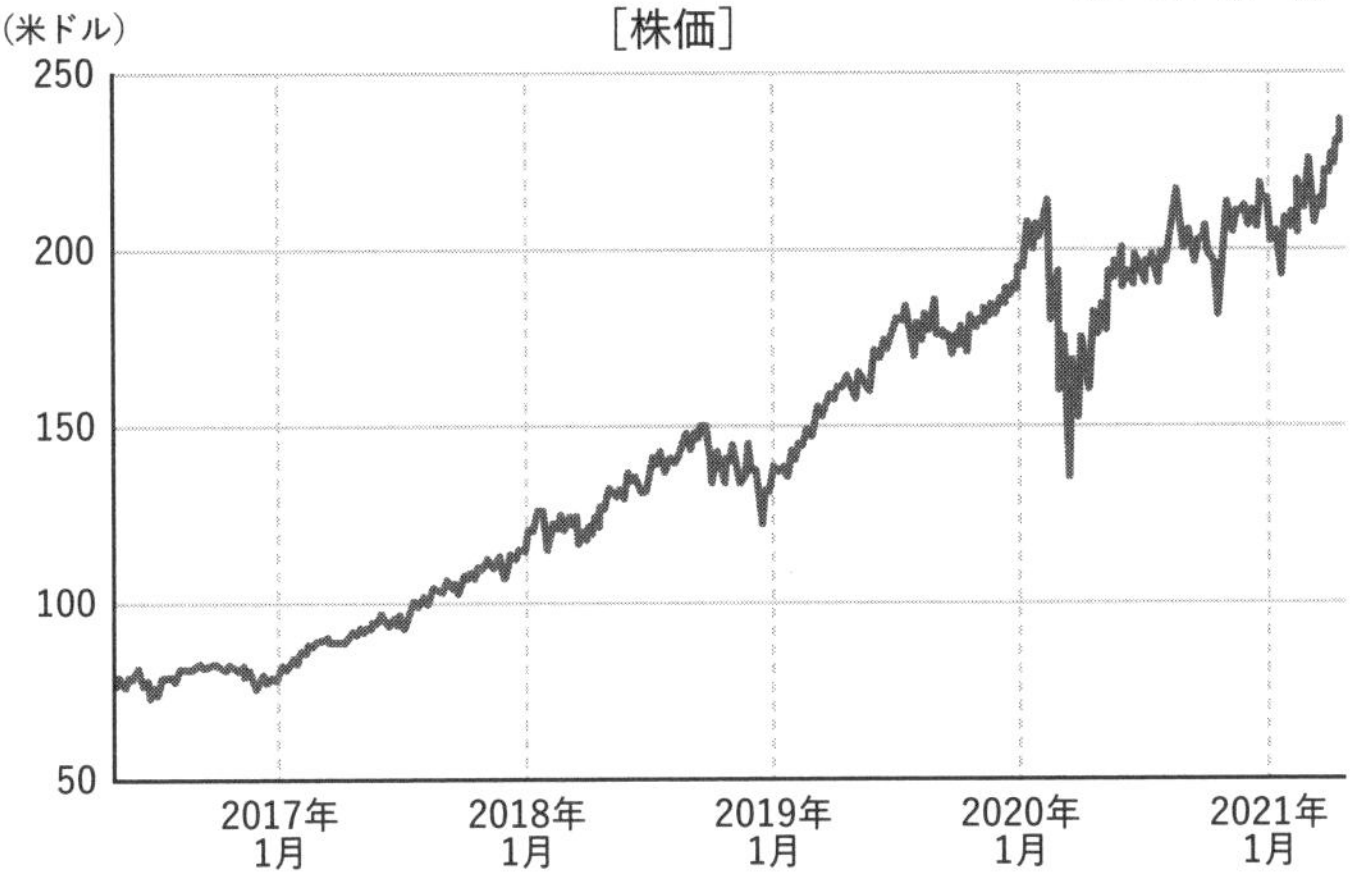


| 年度 | 売上高(億ドル) | 営業利益率 | 営業CF(億ドル) | EPS |
|---|---|---|---|---|
| 2016年9月 | 150.8 | 64.7% | 55.7 | 2.4 |
| 2017年9月 | 183.5 | 66.3% | 92.0 | 2.8 |
| 2018年9月 | 206.0 | 65.8% | 127.1 | 4.4 |
| 2019年9月 | 229.7 | 67.0% | 127.8 | 5.3 |
| 2020年9月 | 218.4 | 64.5% | 104.4 | 4.8 |

# ホーム・デポ

## アマゾンと差別化できるDIYの強い味方

DIY（Do It Yourself）とは専門でない普通の人が家まわりや庭などを修繕したりつくったりすることです。日本でも最近はよく聞きますが、米国はDIYが非常に盛んです。

ホーム・デポはそのDIY小売の最大手です。DIY好きの米国人気質というのもあるでしょうが、そもそも戸建てが多く、一軒当たりの面積が広いことも関係しているのでしょう。

ホーム・デポは1978年に設立されました。アトランタに第一号店を出店し、10年で先行企業のロウズ【LOW】を抜き去ります。その後、長らく業界1位の地位にあります。業界2位はロウズ、3位はメナーズです。いまでは米国、カナダ、メキシコ、中国に2000を超える大規模小売店舗を持ちます。

**株価は5年で約2・5倍。ほかの財務指標も右肩上がりなものばかりで、非常に順調な成長をしています。**同じく大規模店舗型小売のウォルマート【WMT】などと違い、DIY専門店なのでアマゾンとのがっぷり四つの競争ということにはなっていません。

ホーム・デポの扱っている商品は木材であ

ティッカーシンボル
HD

決算期
1月

セクター
一般消費財

ったり、ブロックであったり、スコップであったり……ちょっと特殊で専門性が高いものですので、ほかの消費財とは性格が異なり、実際に手に取って納得してから買いたいものを扱っているといえます。

小売最強と思われたウォルマートがアマゾンと徐々に競争分野で重複しはじめ、成長率に陰《かげ》りが見えるなか、ホーム・デポは扱う分野の専門性の高さが幸いしています。ただし、ロウズなどとの同業他社との競争はやや激化傾向にあります。

**特筆すべきは自社株買いへの熱心さです。**これにともなってEPSやROEが上昇しています。

DATA

［株価］

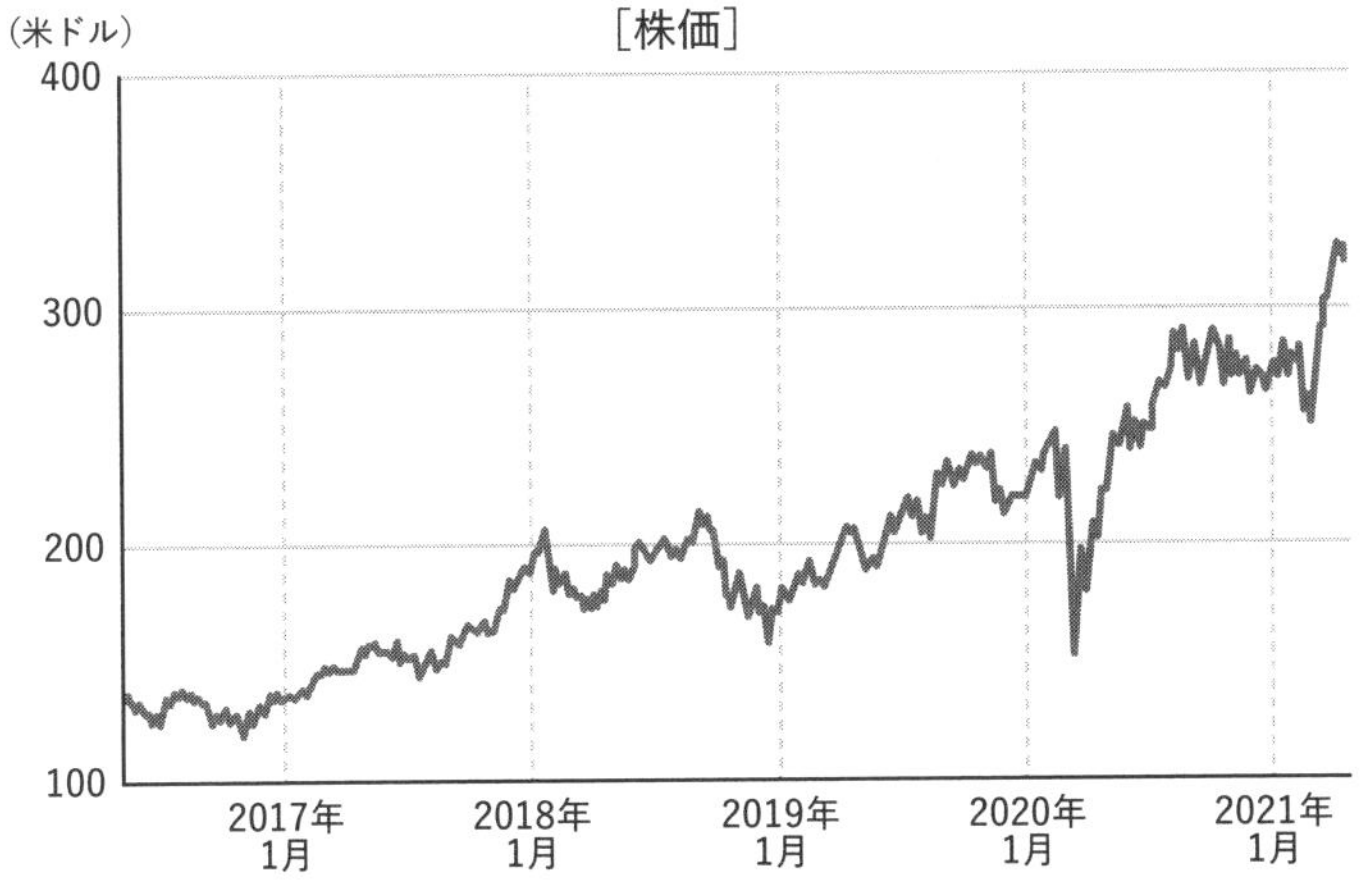


| 年度 | 売上高(億ドル) | 営業利益率 | 営業CF(億ドル) | EPS |
|---|---|---|---|---|
| 2017年1月 | 945.9 | 14.2% | 97.8 | 6.4 |
| 2018年1月 | 1,009.0 | 14.5% | 120.3 | 7.2 |
| 2019年1月 | 1,082.0 | 14.6% | 130.3 | 9.7 |
| 2020年1月 | 1,102.2 | 14.4% | 137.2 | 10.2 |
| 2021年1月 | 1,321.1 | 13.8% | 188.3 | 11.9 |

# ムーディーズ

## SPGIと双璧をなす格付け業界の代表格

1

1900年の創立で、企業体の財務、収益性を判断して格付け情報を提供しています。また、債券などのアセットの投資適格性を格付けすることも行っています。

競合企業としてはS&Pグローバル【SPGI】があります。この2社はグローバルな格付け業界の双璧といってよく、典型的な寡占業界です。筆頭株主はバークシャー・ハサウェイで、発行済株式数の13%近くを保有しています。ムーディーズは寡占業界でなおかつ収益性が高い企業で、いかにもウォーレン・バフェットが好みそうな銘柄です。

事業内容としては、格付けを含むインベスターズ事業とデータ分析などのアナリティクス事業の2本立てになっています。高度な分析能力と情報の蓄積が必要な分野であるため、高い参入障壁と利益率をあわせ持つ非常に魅力ある企業になっています。

2017年にアムステルダムのビューロー・ヴァン・ダイクを30億ユーロで買収しています。アナリティクス事業へのシナジーが期待されるところです。

**株価は5年で約3倍。売上高も成長しており、営業利益率が40%超と高水準です。**また

ティッカーシンボル
MCO

決算期
12月

セクター
金融

自己資本比率がマイナスの企業です。米国企業で自己資本比率がマイナスになっている企業はフィリップモリスインターナショナル【PM】やコルゲート・パーモリーブ【CL】が有名です。キャッシュフローが潤沢であるとか、時価総額が自己資本を大きく超過しているようなケースでは自己資本比率のマイナスは問題にならないこともあります。企業体は資本の対象が株式やブランド価値などさまざまあるので、一概に評価するのが難しいところがあります。

**金融株はリセッションに弱いですが、ムーディーズはリーマンショック時でもマイナスになりませんでした。**事業基盤が簡単には崩れないことの裏返しだと考えられます。

DATA

［株価］

| 年度 | 売上高(億ドル) | 営業利益率 | 営業CF(億ドル) | EPS |
|---|---|---|---|---|
| 2016年12月 | 36.0 | 42.1% | 12.2 | 1.3 |
| 2017年12月 | 42.0 | 43.6% | 7.4 | 5.1 |
| 2018年12月 | 44.4 | 43.3% | 14.6 | 6.7 |
| 2019年12月 | 48.2 | 43.0% | 16.7 | 7.4 |
| 2020年12月 | 53.7 | 45.6% | 21.4 | 9.3 |

成長を続ける財務管理ソフトの老舗

# インテュイット

中

小企業、消費者、会計専門家、金融機関に事業・財務管理ソリューションを提供する米国企業として知られます。

従業員規模は世界で約1万1000人、9か国に20か所の事業所を持ちます。創業は1983年と、ソフトウェア企業としては比較的古い部類に入ります。

事業・財務管理の「クイックブックス」、消費者用の「ターボタックス」、会計専門家用の「プロシリーズ・タックス」と「Lacerte Tax」、ウェブベースの「インテュイット・タックス・オンライン」、財務管理の「クイッケン」と「ミント」などのソフトウェアを提供しています。

とくに「クイックブックス」の中小企業向けのシェアは90％にもなるといわれ、圧倒的なシェアを持ちます。

インテュイットのExecutive Chairman of the Board（取締役会長）であるブラッド・スミス氏はオートマティック・データ・プロセッシング【ADP】の出身であり、この分野に関して知悉《ちしつ》しているといってよいでしょう。大手に強いADPとのすみわけを図りつつ、クラウド化で先行、成功している企業と

ティッカーシンボル
INTU

決算期
7月

セクター
情報技術

いっていいと思います。

また2014年には支払い請求アプリで知られる「Check」の買収をしています。それよりも前の2009年には、個人向け資産管理ソフトである「ミント」を買収しています。このように、M&Aにも比較的積極的な企業です。

**株価は5年で約4倍。ほかの財務指標もほぼ右肩上がりで、いい意味で押し目がやってこない企業です。**

フォーチュン誌の「100 Best Companies to Work For」で11位にランキングされました。株主だけではなく、従業員にも魅力的な企業といえるでしょう。

DATA

［株価］

| 年度 | 売上高（億ドル） | 営業利益率 | 営業CF（億ドル） | EPS |
|---|---|---|---|---|
| 2016年7月 | 46.9 | 26.5% | 14.0 | 3.6 |
| 2017年7月 | 51.7 | 26.9% | 15.9 | 3.7 |
| 2018年7月 | 59.6 | 25.1% | 21.1 | 5.0 |
| 2019年7月 | 67.8 | 27.3% | 23.2 | 5.8 |
| 2020年7月 | 76.7 | 28.3% | 24.1 | 6.9 |

# アムジェン

## 世界的高齢化で今後も期待できるバイオ製薬

ティッカーシンボル
AMGN

決算期
12月

セクター
ヘルスケア

バイオ製薬では世界屈指の規模になる企業です。医薬品業界全体でみると、アムジェンは医薬品売上ランキングではだいたい10位前後です。医薬品業界はその国の科学技術水準が大きく影響するため、欧米、つまり米国、スイス、イギリス、ドイツ、フランスといったところが伝統的に強いです。

アムジェンは日本ではアステラス・アムジェン・バイオファーマとして、アステラス製薬と合弁で事業展開していましたが、2020年にアムジェンが完全子会社化しました。

バイオ医薬品の市場シェアは年々増加しており、現在は医薬品マーケットの50％強を占めます。競合はギリアド・サイエンシズ【GILD】です。

バイオ医薬品にも従来の医薬品に対する「ジェネリック」と同様に後発薬「バイオシミラー」があります。しかしながら、バイオ医薬品の後発薬は、高額な製造工程が必要な上に正確に複製するのが難しいため、従来の医薬品よりも、比較的に独占できる期間が長いというアドバンテージがあります。

アムジェンの主力製品は関節リウマチ治療薬の「エンブレル」で、ほかに乾癬《かんせん》治療薬の

「オテズラ」、多発性骨髄腫治療薬の「カイプロリス」があります。それぞれ、2020年代の後半に特許期限が来ます。「エンブレル」は2019年度世界で6番目に売れた医薬品です。

**株価は5年で約1・7倍に成長しています。**足元の業績はやや足踏み状態ですが、ヘルスケアセクターは世界的な高齢化社会も相まって、今後も十分に成長が期待できるセクターです。

しかし、個別の企業としては売上高が年間10億ドル以上のブロックバスター製品次第ではあります。つまり、新薬次第で業績ががらりと変わる難しいセクターであることを踏まえて投資を検討すべきでしょう。

DATA

| 年度 | 売上高（億ドル） | 営業利益率 | 営業CF（億ドル） | EPS |
|---|---|---|---|---|
| 2016年12月 | 229.9 | 42.6% | 103.5 | 10.2 |
| 2017年12月 | 228.4 | 43.6% | 111.7 | 2.6 |
| 2018年12月 | 237.4 | 43.2% | 112.9 | 12.6 |
| 2019年12月 | 233.6 | 41.4% | 91.5 | 12.8 |
| 2020年12月 | 254.2 | 35.9% | 104.9 | 12.3 |

# エキファックス

## 世界8億人の信用情報を取り扱う信用調査機関

ティッカーシンボル
**EFX**

決算期
**12月**

セクター
**資本財**

1899年に創業した世界3大個人信用調査機関です。

ほかの2社はトランスユニオン【TRU】とロンドン上場のエクスペリアン【EXPN】です。3社のなかでもっとも歴史が古いのがエキファックスです。

日本でいうところのCIC（Credit Information Center CORP.）や日本信用情報機構（JICC）に近い存在です。

エキファックスは全世界で営業展開をしています。じつに個人で8億人以上、法人でも9000万社以上の信用情報を持っており、それをスコア化して金融機関やクレジット会社へ情報提供しています。

所得や支払い履歴等々を始め、すべてスコア化して管理しているところが強みです。北米はもちろん、中米・南米といったアメリカ大陸に強みを持ち、英語圏を中心に世界展開をしています。展開する国は24か国を数えます。そしてS&P500に採用されている企業でもあります。

**株価は5年で約2倍。地味ながらも自社株買いも毎年のように行って株主還元しています。**信用情報を使う、つまり「融資を受ける」

「カード払いをする」という人々の行動は景気がある程度上向いていることで増えるので、比較的好不況に影響される業種でもあります。

顧客の信用情報を元に、データ分析や各種ソリューションに活用するビッグデータを扱う企業ですので、投資家として想定しておくべきリスクは「セキュリティ問題」でしょう。

２０１７年に情報漏洩事件を起こしており、２０１９年には、この事件に関係して最大7億ドルの支払いで合意をしています。このため、２０１９年12月期の業績は赤字に転じました。

ただ、翌期には回復しており、需要が減っているわけではないと考えられます。

DATA

［株価］

| 年度 | 売上高(億ドル) | 営業利益率 | 営業CF(億ドル) | EPS |
|---|---|---|---|---|
| 2016年12月 | 31.4 | 26.0% | 7.9 | 3.8 |
| 2017年12月 | 33.6 | 24.5% | 8.1 | 4.9 |
| 2018年12月 | 34.1 | 13.1% | 6.7 | 2.5 |
| 2019年12月 | 35.0 | -9.6% | 3.1 | -3.1 |
| 2020年12月 | 41.2 | 16.4% | 9.4 | 4.2 |

# ペイチェックス

中小企業に強い人事管理ソフトメーカー

ティッカーシンボル
PAYX

決算期
5月

セクター
資本財

給与・会計・人事の外注化の流れに乗って成長を続けているS&P500採用企業です。創業は1971年。給与計算、人事管理ソフトの「Paychex Flex」は業界においてブランド力があるという強みがあります。

総務関係のアウトソース企業としての同業他社は、オートマティック・データ・プロセッシング【ADP】が有名です。ただ、ADPが比較的大きな企業を顧客とするのに対し、ペイチェックスは中小企業向けを得意としています。

業務内容は、こまかいところでは人材派遣や個人向けの確定拠出年金サービスなども請け負っており、まさに総務と福利厚生のフルアウトソーシングというところです。

給与計算系のソフトは乗り換えが非常に手間であり、時間もコストもかかります。そのため、一度導入されれば長い期間にわたって使われることが多く、それが独特の強みになっています。また、60万社を超える導入実績も安心感となっており、順調に顧客を伸ばしています。

ペイチェックスはデンマークの同業者であるLessorを買収するなど、M&Aにも積極的です。いずれにせよ、米国内はもちろん世界的にも競合は多くなく、参入障壁が高い業界といえます。

**株価は5年で約2倍です。参入障壁の高さ故、営業利益率は40％近い水準で、売上の伸びと高い営業利益が魅力です。**比較的高配当であることがADPとの違いです。

リーマンショック時も業績は成長しており、不況時であっても大きく業績を落としにくい性格がある企業です。

そのため、株価の大きな伸びや短期でのキャピタルゲインを期待するのではなく、ディフェンシブ的な位置づけで保有するのに向いている企業だと思えます。

DATA

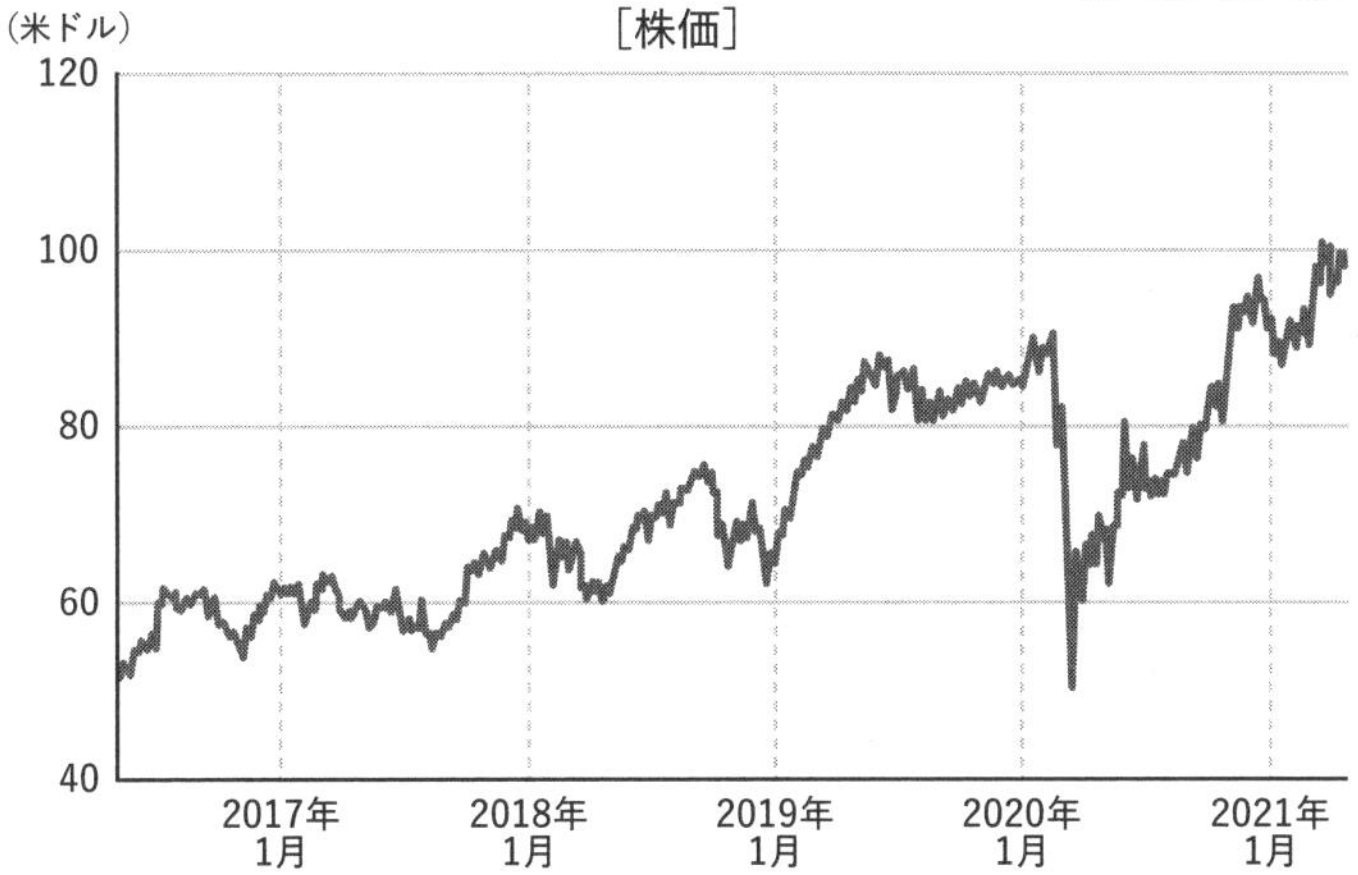


| 年度 | 売上高(億ドル) | 営業利益率 | 営業CF(億ドル) | EPS |
|---|---|---|---|---|
| 2016年5月 | 29.5 | 38.8% | 10.1 | 2.0 |
| 2017年5月 | 31.5 | 39.3% | 9.6 | 2.2 |
| 2018年5月 | 33.8 | 38.1% | 12.7 | 2.7 |
| 2019年5月 | 37.7 | 36.3% | 12.7 | 2.8 |
| 2020年5月 | 40.4 | 36.1% | 14.4 | 3.0 |

# アンフェノール

## 技術力に定評がある電気・電子コネクタメーカー

（ティッカーシンボル）APH
（決算期）12月
（セクター）情報技術

世界100か所以上に拠点を構え、展開している電気・電子コネクタを製造する世界大手のメーカーです。

光ファイバーや同軸などの各種ケーブルの配線、接続機器を作っているS&P500採用企業です。

サーバ、ストレージ、データセンター、ネットワーク、産業機器、ビジネス機器、車載機器などに強みを持ちます。製造業であり、1932年と創業は古いです。

会社が飛躍するきっかけとなったのは第二次世界大戦です。軍用にコネクタを卸していましたが、そのときの軍の要求水準が高く、結果的に品質を高めて競争力を得ることになりました。その後、民生用においても幅広く使われ、現在に至っています。

中韓台の企業、日本ならば村田製作所やヒロセ電機といった企業などとも競合の激しい分野です。そういう意味ではワイドモートさというのはあまりない業界です。いまは高付加価値ですが、その技術的に成熟したコネクタ装置はコモディティ化する懸念があるといえます。

とはいえ、**株価はこの5年で2・5倍に成**

長。非常に地味な老舗メーカーですが、うまく時代に事業内容をアジャストしています。**近年の売上を始めとする業績は過去最高を更新し続けています。**

スマホ用と車載用のコネクタが売上に貢献しており、中国で売上の約3割があります。中国の経済発展とともに成長してきた企業の1つです。今後も売上を拡大していくことが見込まれます。

ただし、金属類を始めとする原材料費の上昇はやや懸念材料で、コモディティ市場の動向とアンフェノールの業績は無縁ではありません。

比較的プライスが低位で、買いやすいのは個人投資家にはアドバンテージでしょう。

DATA

| 年度 | 売上高（億ドル） | 営業利益率 | 営業CF（億ドル） | EPS |
|---|---|---|---|---|
| 2016年12月 | 62.8 | 19.8% | 10.7 | 1.3 |
| 2017年12月 | 70.1 | 20.4% | 11.4 | 1.0 |
| 2018年12月 | 82.0 | 20.7% | 11.1 | 1.9 |
| 2019年12月 | 82.2 | 20.0% | 15.0 | 1.8 |
| 2020年12月 | 85.9 | 19.2% | 15.9 | 1.9 |

# ナイキ

## 中国でも人気！　世界トップのスポーツアパレル

ティッカーシンボル
NKE

決算期
5月

セクター
一般消費財

スポーツアパレル企業として世界最大の売上を誇るメーカーです。NYダウ、S&P500採用企業です。

NIKEブランドだけでなく、スニーカーの「Converse」（コンバース）も有名です。買収して傘下に収めたものも含めて、複数の強力なブランドを生かした展開を行なっています。

ナイキは、もともとは現アシックス、オニツカタイガーのランニングシューズを輸入販売したり、スニーカーのデザイン提案をする会社でした。

創業者はスタンフォード大のフィル・ナイト氏とオレゴン大の陸上コーチだったビル・バウワーマン氏です。しかし、次第にオニツカタイガーから独立、競合するようになります。正方形を並べた逆ワッフル、ワッフルソールや、エアシステムという窒素を充填し、クッションを可視化したファッション性高いスニーカーが幅広い支持を集めます。エアマックスやエアジョーダンといった、ヒット商品を次々世に送り出します。

エアマックスは1987年に発売され、日本でも大流行しました。また、エアジョーダンはNBAのカリスマであるマイケル・ジョーダン氏との専属契約シューズで、バスケファンだけでなく、バスケをしない多くの人まで巻き込み流行しました。

**株価は5年で約2・5倍。**直近の業績は新型コロナの影響を受けてかやや低迷していますが、アパレルのなかでは営業利益率が高いといえます。

北米で売上が弱含んでいる一方、アジアを中心とした新興国での売上が成長しています。とくに中国は海外売上高の2割以上を占めています。

米国企業はそのブランド力を生かして世界展開をしている例が多いですが、ナイキはその典型といえます。

DATA

| 年度 | 売上高(億ドル) | 営業利益率 | 営業CF(億ドル) | EPS |
|---|---|---|---|---|
| 2016年5月 | 323.7 | 13.9% | 30.9 | 2.1 |
| 2017年5月 | 343.5 | 13.8% | 36.4 | 2.5 |
| 2018年5月 | 363.9 | 12.2% | 49.5 | 1.1 |
| 2019年5月 | 391.1 | 12.2% | 59.0 | 2.4 |
| 2020年5月 | 374.0 | 8.3% | 24.8 | 1.6 |

# サービスナウ

## DXの追い風を受けて業績・株価が急成長

（ティッカーシンボル）NOW

（決算期）12月

（セクター）情報技術

企業向けサービスマネジメントクラウドをグローバルで提供しているSaaS、Paas（システム開発に必要なプラットフォームをオンライン上で提供するもの）プロバイダです。2012年にニューヨーク証券取引所に上場しており、S&P500に採用されています。

インシデント管理、問題・変更管理、リリース管理、システム設定管理、資産管理、ソフトウェア開発ライフサイクル管理、コスト管理、ベンダーのパフォーマンス管理などを実現するITサービス自動化アプリケーションのほか、HRサービス自動化アプリケーションを提供。いわゆる「働き方改革」「DX（デジタルトランスフォーメーション）」に関わる多くの製品・サービスプロバイダです。

2004年にPeregrine Systems とRemedy Corporation のCTO（最高技術責任者）であったフレッド・ルディによって創立。2019年、独SAPの最高経営責任者からの退任が発表されていたビル・マクダーモットが、CEOに就任しました。

**売上高は順調に成長。現時点では無配企業です。** 最終利益が黒字化したのは2019年からであり、まだまだ成長、未来への投資を選択したほうがよい企業といえそうです。

M&Aにも積極的です。2013年以降ソリューションベンダー、AIによるバーチャルエージェント技術、自然言語検索、リスク管理技術、機械学習ソリューションベンダー、RPAスタートアップ、運用向け人工知能などの企業を次々に買収しており、結果として「のれん」が年々増加しています。現時点では、のれんの増加以上に売上高が成長しているので、M&Aはまずまずうまくいっていると判断してよいでしょう。

**5年で株価は約6倍になり、この1年で約2倍になりました。**世界的なDX推進の追い風を受けている企業といえそうです。

DATA

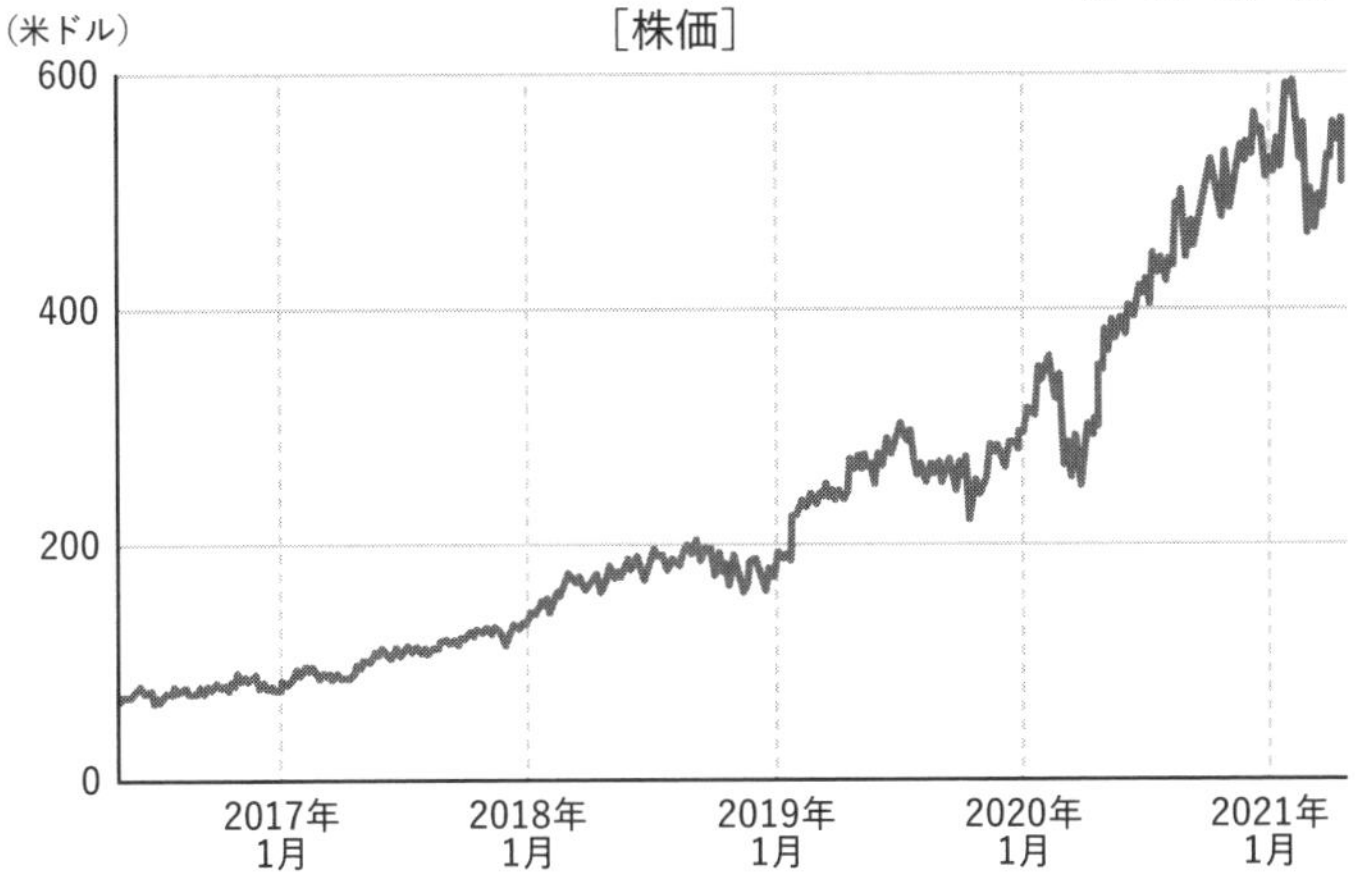


| 年度 | 売上高(億ドル) | 営業利益率 | 営業CF(億ドル) | EPS |
|---|---|---|---|---|
| 2016年12月 | 13.9 | -11.0% | 1.6 | -2.5 |
| 2017年12月 | 19.3 | -5.2% | 6.4 | -0.6 |
| 2018年12月 | 26.0 | -1.6% | 8.1 | -0.1 |
| 2019年12月 | 34.6 | 1.2% | 12.3 | 3.1 |
| 2020年12月 | 45.1 | 4.4% | 17.8 | 0.5 |

# アドビ

競合のいない唯一無二のソフトウェア企業

S&P500に採用されている米国のソフトウェア企業です。PDFファイルの閲覧ソフト「Acrobat Reader」のお世話になったことがない人は、ネットユーザーであればいないでしょう。また、Photoshop、Illustrator等の画像編集ソフトもユーザーが多い製品です。当然、ユーザーは全世界にいます。

1982年にパロアルト研究所にいたジョン・ワーノックとチャールズ・ゲシキーによって創立されました。1983年にアップルコンピュータ（当時）のスティーブ・ジョブズがアドビシステムズ（当時）が開発したページ記述言語をアップルのレーザープリンターに供給することになったことから、ビジネスが拡大します。

1993年にAcrobat、PDFを開発することでビジネスの方向をデジタルデータのオーサリングツールに向けることになります。その後、アルダス、マクロメディア、オムニチュアなどといった企業を買収しながら、ビジネス領域を拡大していきました。

現在の画像編集ソフトビジネスの柱は2012年に開始したサブスクリプション型サー

ティッカーシンボル
ADBE

決算期
11月

セクター
情報技術

ビスの「Adobe Creative Cloud」。このビジネスの黎明期は費用が先行していましたが、2015年から収益に寄与し、業績が大きく成長しています。

2018年にマルケトを買収し、ビッグデータを活用した企業のデジタルマーケティング支援ビジネスである「Digital Experience」を次の一手にしようとしています。マルケトの買収によりのれんが増加していますが、現時点では業績の伸びがそれを補っています。**無配企業ですが自社株買いには積極的であり、EPSを押し上げています。業績の成長に伴い株価は5年で約5倍になりました。**当面は競合がほとんどいない状態でビジネスができそうな企業です。

DATA

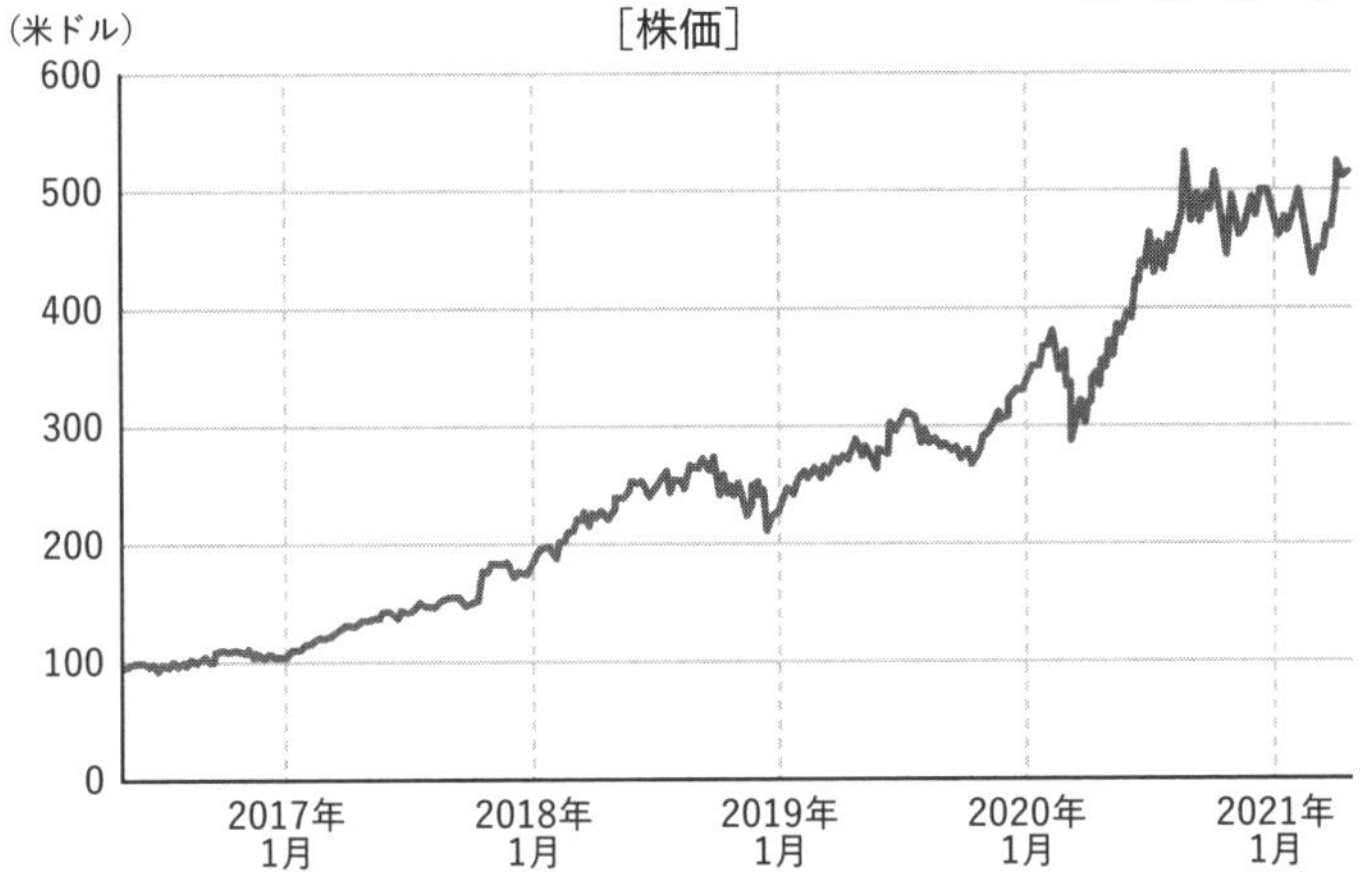


| 年度 | 売上高（億ドル） | 営業利益率 | 営業CF（億ドル） | EPS |
|---|---|---|---|---|
| 2016年11月 | 58.5 | 25.5% | 22.0 | 2.3 |
| 2017年11月 | 73.0 | 29.7% | 29.1 | 3.3 |
| 2018年11月 | 90.3 | 31.5% | 40.2 | 5.2 |
| 2019年11月 | 111.7 | 29.3% | 44.2 | 6.0 |
| 2020年11月 | 128.6 | 32.9% | 57.2 | 10.8 |

# アンシス

## コンピュータ支援設計で成長への期待大

ティッカーシンボル
ANSS

決算期
12月

セクター
情報技術

S&P500に採用されている米国のCAE（コンピュータ支援設計）企業です。電磁界・回路・システム、熱流体、構造など複数ドメインの物理現象を単独解析したり、連成解析できる総合CAEソフトウェアの「アンシス」を開発、販売しており、航空宇宙や防衛、自動車、電機など様々な業界や学界で幅広く用いられています。シミュレーション分野では世界ナンバー1企業です。

1970年ジョン・スワンソンによって創立され、翌年から「アンシス」の開発及びリリースを開始しています。

アンシスのサービスは、現実世界での試運転や実験、テストなどの回数を減らし、市場投入時間の短縮やコスト削減を実現しています。デジタル空間で、現実世界を再現する技術に優れ、技術力は高く世界には数万の顧客がいます。

M&Aにも積極的で、2019年度だけで5社の企業を買収しています。2020年8月の投資家向けプレゼンテーションでは、今後も企業買収を積極的に行う方針を発表しています。

業績は好調です。**直近決算では30%を下回**

**りましたが、営業利益率は35％程度と非常に高い水準です。ほかの指標も概ね右肩上がりで成長しています。好調な業績を反映して株価は5年で約4倍になりました。**

さらに、2019年12月にはマイクロソフト【MSFT】と提携して「デジタルツイン」というサービスを提供することを発表しました。

デジタルツインは急拡大している市場で、IoT、自動運転、5Gといった先端技術に欠かせません。2025年までにデジタルツインのマーケット規模が現在の9倍以上になるといわれています。

アンシスは関連銘柄の中心的存在といえ、業績は今後も成長しそうです。

DATA

| 年度 | 売上高（億ドル） | 営業利益率 | 営業CF（億ドル） | EPS |
|---|---|---|---|---|
| 2016年12月 | 9.8 | 38.1% | 3.5 | 2.9 |
| 2017年12月 | 10.9 | 35.7% | 4.3 | 2.9 |
| 2018年12月 | 12.9 | 36.8% | 4.8 | 4.8 |
| 2019年12月 | 15.1 | 34.0% | 5.0 | 5.2 |
| 2020年12月 | 16.8 | 29.5% | 5.4 | 4.9 |

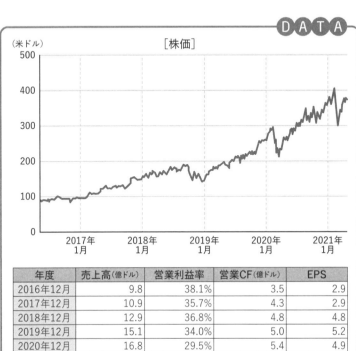

# ディアジオ

## ウイスキーからビールまで扱う英国企業

（ティッカーシンボル）DEO

（決算期）6月

（セクター）一般消費財

ギネス社とグランドメトロポリタン社の合併により、1997年に誕生したイギリスの高級酒造メーカーです。ギネス社は1700年代に創業した歴史ある企業です。本社所在地はロンドンで、ニューヨーク証券取引所にADR（米国預託証券）を上場しています。同じ酒類メーカーでもビールほど寡占化が進んでおらず、地場メーカーが強いことが業界の特徴としてあげられます。

強いブランドと広い販路を持っていることが強みで、新興国など人口増加地域でのシェア拡大が期待されるところです。地場の中小のブランドがまだまだ残されている業界ですから、今後も合併を繰り返しつつ、再編、集約されていくと思われます。

スコッチウィスキー、ラム酒、ウオッカ、ジンなどの蒸留酒、リキュール、ビール、ワインを生産、販売しています。「ジョニーウォーカー」「クラウンローヤル」「J&B」「ブキャナンズ」「スミノフ」「ベイリーズ」「ギネス」などの名の知れたブランドを180か国以上で展開しています。北米とヨーロッパで売上高の6割を占めます。

2020年6月期は新型コロナの影響を受

けて売上高、利益が減少しましたが、営業利益率は大きく変化せず安定しています。売上高に応じた営業利益を予想しやすい企業ともいえそうです。

**株価は過去5年で約1・5倍。**ほかの米国株銘柄に比べると、それほど大きな伸びではありませんが、**配当の伸びは安定的で業態の安定感もあることから、人気のある株式のうちの1つです。**

英国株ですので、配当に徴収税がかからないことを特筆しておきます。

ブランドに固定ファンがいることが強みになっています。業界の再編に期待しつつ、持っていれば高い確率で今後も安定配当を得られる銘柄と考えます。

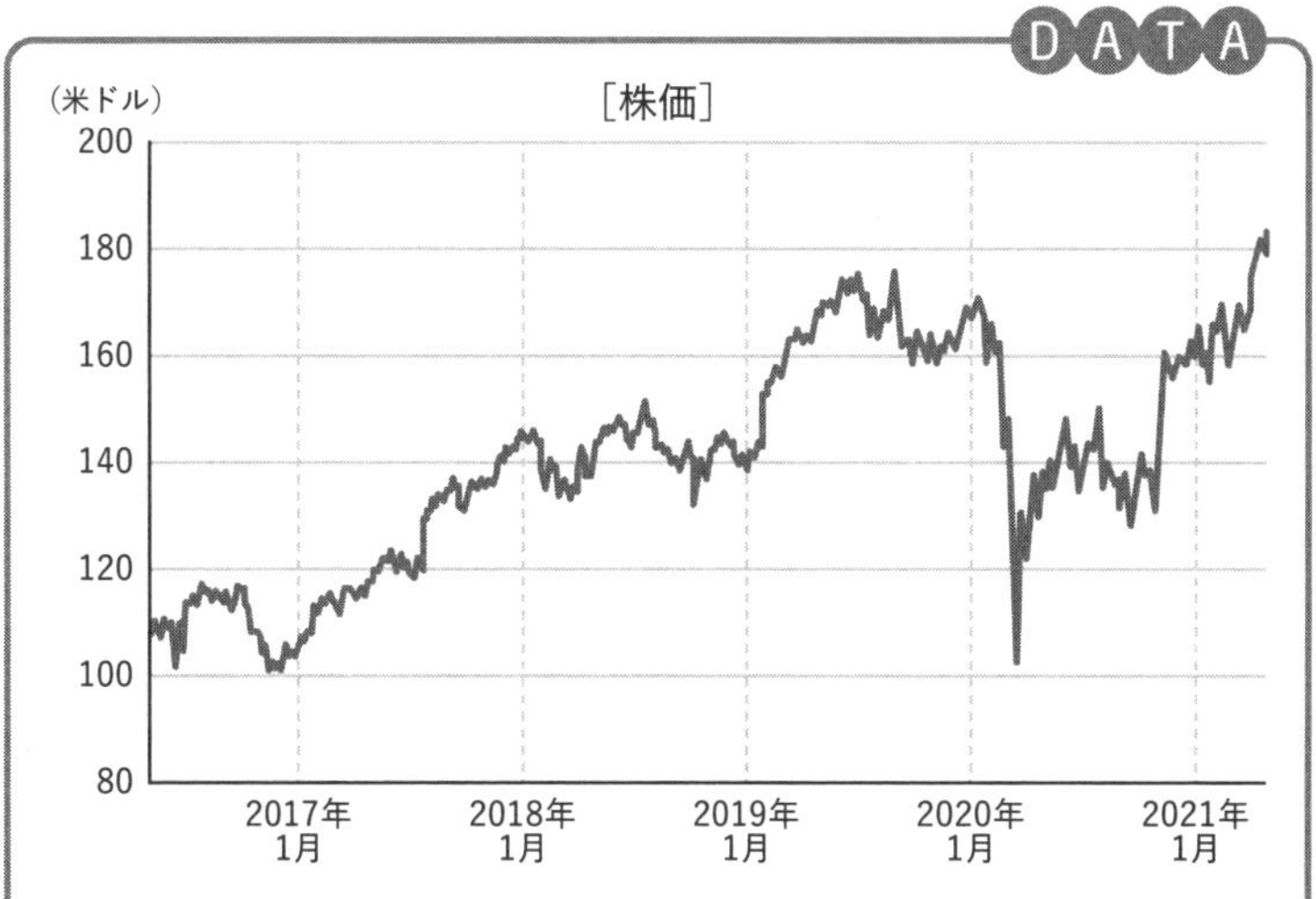


| 年度 | 売上高（億ドル） | 営業利益率 | 営業CF（億ドル） | EPS |
|---|---|---|---|---|
| 2016年6月 | 104.8 | 26.2% | 25.4 | 3.5 |
| 2017年6月 | 120.5 | 29.5% | 31.3 | 4.2 |
| 2018年6月 | 121.6 | 30.3% | 30.8 | 4.8 |
| 2019年6月 | 128.6 | 31.4% | 32.4 | 5.2 |
| 2020年6月 | 117.5 | 29.7% | 23.2 | 2.3 |

# セールスフォース・ドットコム

顧客管理ソフトを提供するSaaS企業

クラウドで法人向け顧客管理ソフトウェアを提供する大手企業です。2004年にニューヨーク証券取引所に上場し、2008年からS&P500に採用されています。ティッカーシンボルのCRMはCustomer Relationship Managementの略であり、ティッカーシンボルが同社の営むビジネスを表しています。

1999年にオラクル【ORCL】の幹部であったマーク・ベニオフらにより設立されました。

SaaSタイプの本格的なクラウドサービスの提供企業としては最初とされます。

サービスはSaaS型で提供される「Sales Cloud」「Service Cloud」「Marketing Cloud」「Community Cloud」などで、64言語で利用可能であり、これまでに15万社以上が利用している、世界ナンバー1のプラットフォームです。

どちらかというと中小企業向けにシェアを伸ばしています。また、PaaSによるカスタムアプリケーションの構築事例も増えてきました。

積極的なM&Aでソフトウェアの機能を増

ティッカーシンボル
CRM

決算期
1月

セクター
情報技術

やしている企業でもあります。

**株価は5年で約2・5倍。業績も順調に成長していますが、足元は株価、業績ともにやや伸び悩みを見せています。**

2021年5月～7月期に買収を完了する予定のチャット・アプリ提供会社スラック・テクノロジーズ【WORK】の業績への寄与に疑問符をつけているマーケット関係者もおり、強気と弱気が混在しているようです。

売上は成長しているものの、営業利益率は他の情報技術セクター銘柄と比較すると1桁劣っています。

このことを「ポテンシャルがある」とみるか、それとも「頭打ち」とみるかは評価が分かれそうです。

DATA

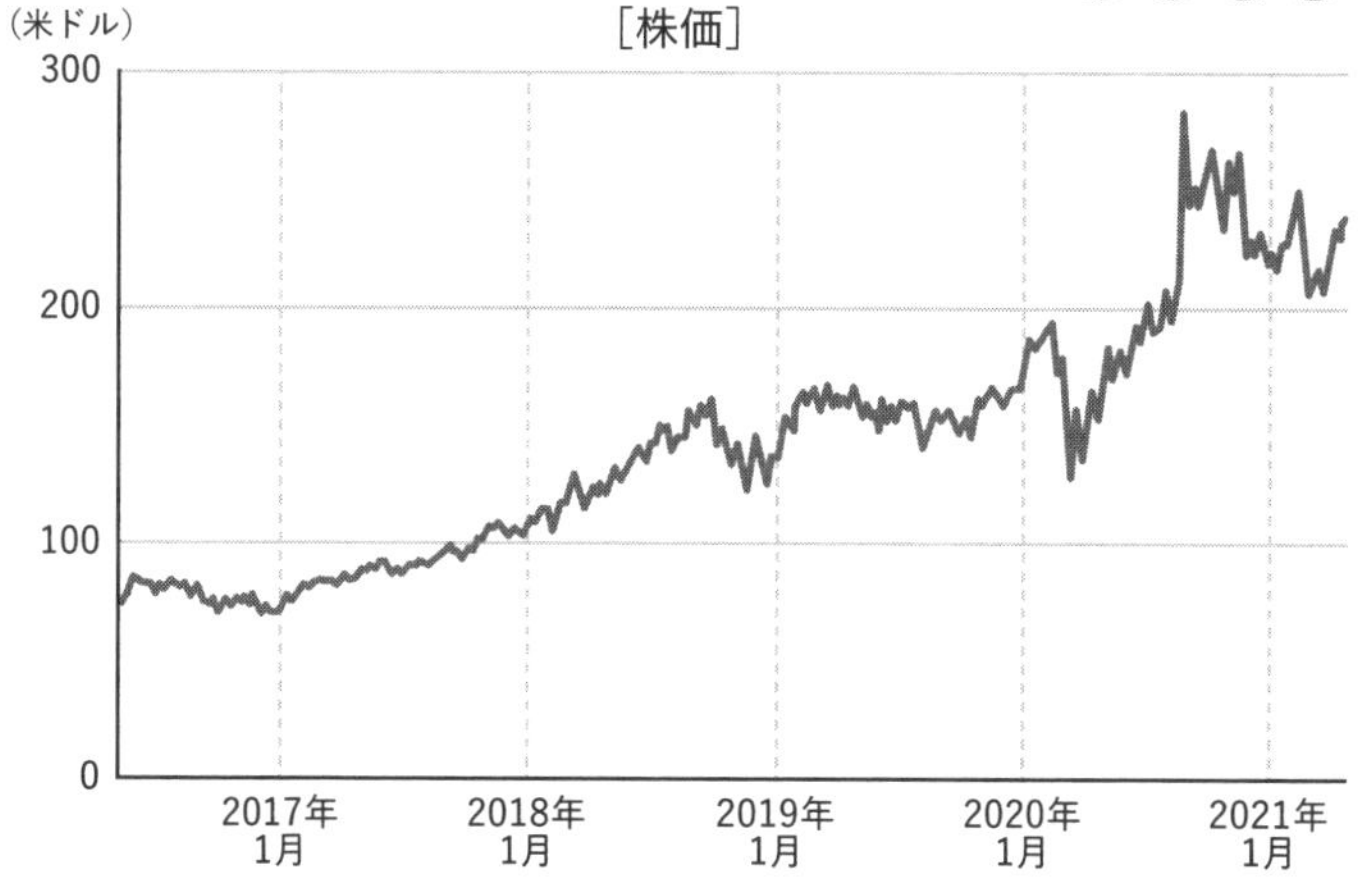


| 年度 | 売上高(億ドル) | 営業利益率 | 営業CF(億ドル) | EPS |
|---|---|---|---|---|
| 2017年1月 | 83.9 | 0.8% | 21.6 | 0.4 |
| 2018年1月 | 104.8 | 2.2% | 27.3 | 0.4 |
| 2019年1月 | 132.8 | 4.0% | 33.9 | 1.4 |
| 2020年1月 | 170.9 | 2.7% | 43.3 | 0.1 |
| 2021年1月 | 212.5 | 2.1% | 48.0 | 4.3 |

# ヴィーヴァシステムズ

## 医療をクラウドで支えるヘルスケアのホープ

ティッカーシンボル VEEV

決算期 1月

セクター 情報技術

「製薬会社のセールスフォース」ともよばれる企業です。米国カリフォルニア州サンフランシスコ近郊に本社を置き、ライフサイエンス業界に特化した革新的なクラウドベースのアプリケーションを提供しており、世界的な大手製薬会社やバイオテクノロジー企業が顧客です。

同社の製品には、営業担当者の顧客関係を管理する「Veeva CRM」、文書の収集、管理、組織化などを扱う「Veeva Vault」、および医療提供者と組織のマスターデータを作成、維持する「Veeva Network」などがあります。

サービスは165か国で利用されています。

2007年にハーバードMBA出身のマット・ウォーラック氏とセールスフォース・ドットコム出身のピーター・ガスナー氏によって創業されました。2013年にニューヨーク証券取引所に上場しています。

**売上高、営業利益ともに順調に伸びている、優秀なアーリーステージ企業といえるでしょう。**営業利益率も直近3年度は25％超です。一方で、そのサービスの性格上だと想像しますが、研究開発費と人件費も大きく伸びています。とはいえ、「スタートアップ」企業としては高い営業利益率により、潤沢なCFがあるといえるでしょう。前述したように、取り扱う製品がクラウドサービスですから、設備投資がほとんどありません。よって、稼いだ分は手元のCFにしやすい傾向が数字に反映されています。

**足元はやや軟調ですが、株価は5年で約6倍になっています。**

世界の高齢化は進展し、中間所得層の増大により、医療の恩恵を受ける人々が増大するのは必至といってよいでしょう。ヘルスケア業界全体としては、今後長期にわたって世界的に緩やかな成長が見込まれる産業と言えます。ヴィーヴァシステムズはその成長を享受できる企業になりそうです。

DATA

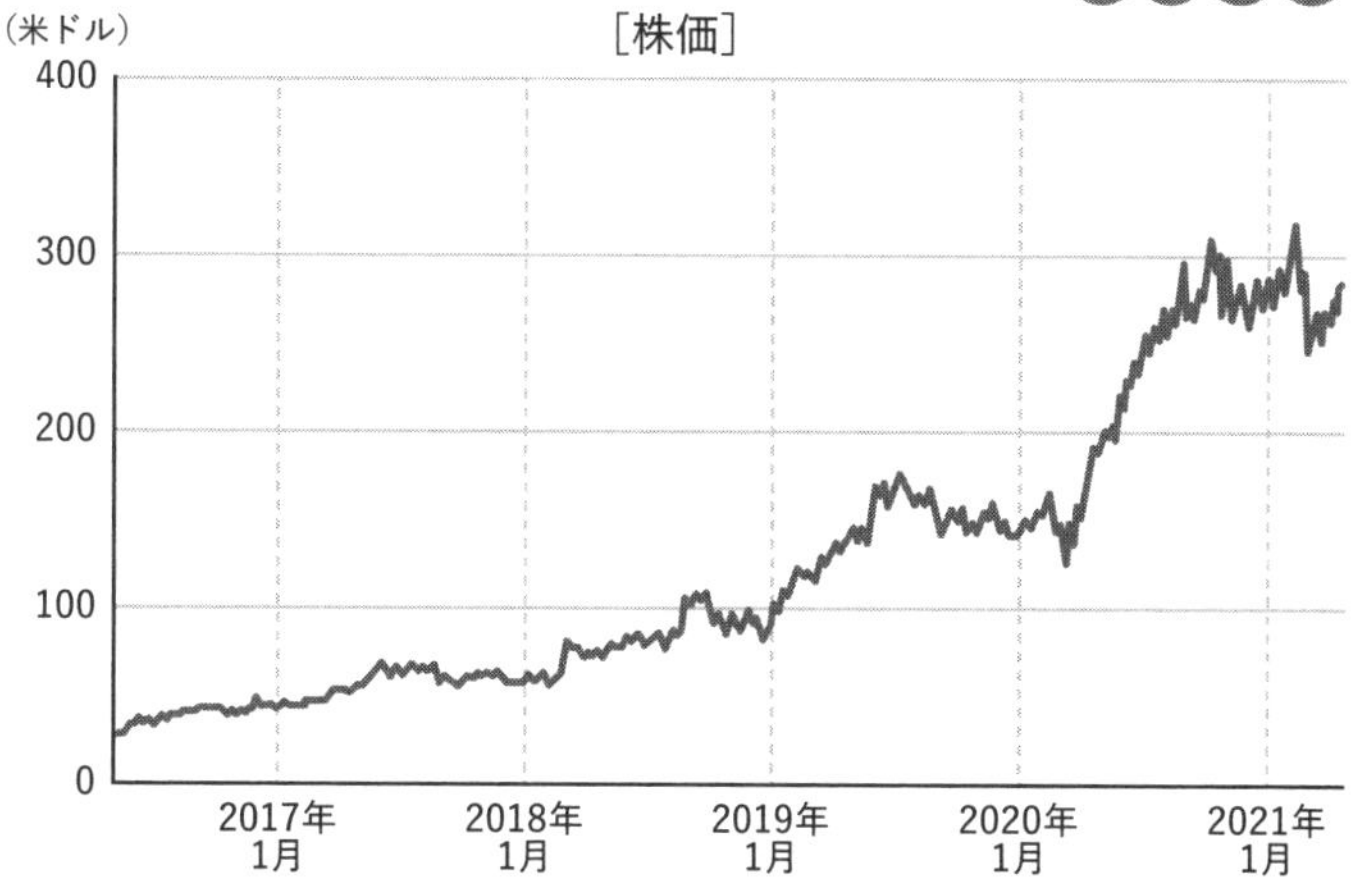


| 年度 | 売上高（億ドル） | 営業利益率 | 営業CF（億ドル） | EPS |
|---|---|---|---|---|
| 2017年1月 | 5.4 | 19.8% | 1.4 | 0.5 |
| 2018年1月 | 6.8 | 22.0% | 2.3 | 0.9 |
| 2019年1月 | 8.6 | 25.8% | 3.1 | 1.4 |
| 2020年1月 | 11.0 | 25.9% | 4.3 | 1.9 |
| 2021年1月 | 14.6 | 25.8% | 5.5 | 2.3 |

# ワークデイ

## 赤字ながらも割高な株価が続く期待の銘柄

ティッカーシンボル
WDAY

決算期
1月

セクター
情報技術

ワークデイは企業向けに人事と財務関連のクラウドアプリケーションを提供する米国企業です。

オラクル【ORCL】は、それまで統合基幹業務システムを行ってきたPeopleSoftを敵対的に買収しました。2005年1月のことです。

その後、被買収企業のPeopleSoftの創設者で前CEOであった、デイブ・ダフィールドと元PeopleSoftのチーフストラテジストであったアニール・ブースリが創業したのがこのワークデイです。

2012年10月にニューヨーク証券取引所に上場しています。

創業以来、顧客数を急速に伸ばし、いまや全世界で8000以上の組織が「ワークデイ」を採用しています。さらに、フォーチュン50の60%、フォーチュン500の40%以上が、人事基盤に「ワークデイ」を選んでいます。

日本でのビジネスはやや課題があるという話も聞きますが、業界横断的に製品やサービスの採用が広がっています。

米フォーブス誌が毎年発表する「世界で最も革新的な企業」ランキング2018年版で

2位に選出されました。

上場以来赤字決算が続いています。投資を積極的に行っており、そのための赤字です。また現時点では無配企業です。

しかしながら、**売上高の伸びに伴い、業績もついてきています**。今後いずれは黒字決算が期待できるでしょう。

**株価は上げ下げを繰り返しながら上昇傾向にあります**。赤字企業の株価としては割高かもしれません。

課題は、相対的にコスト高なプロフェッショナルサービスの採算を向上させることでしょうか。サブスクリプションサービスへの移行を促すという手段もあり得ます。

DATA

［株価］

| 年度 | 売上高(億ドル) | 営業利益率 | 営業CF(億ドル) | EPS |
|---|---|---|---|---|
| 2017年1月 | 15.6 | -24.0% | 3.4 | -1.9 |
| 2018年1月 | 21.4 | -14.1% | 4.6 | -1.5 |
| 2019年1月 | 28.2 | -16.4% | 6.0 | -1.9 |
| 2020年1月 | 36.2 | -13.8% | 8.6 | -2.1 |
| 2021年1月 | 43.1 | -5.8% | 12.6 | -1.1 |

# マスターカード

ビザとの二強でマーケットをガッチリ確保

マスターカードは世界2位のシェアを持つカード会社です。ライバル企業はビザ【V】になります。実際、この2社は業績も非常に似通っており、ビジネスモデルそのものが優れていることの証左になっています。

1940年代にいくつかの銀行が通貨のように使える特別券を発行したのが始まりです。その後、提携先が増え、グループがInterbank Card Association（ICA：インターバンク・カード・アソシエーション）を1966年につくります。

ICAは、1970年に入りメキシコに進出したり、ヨーロッパのEurocardと提携したり、国際化を目指すようになります。マスターカードのヨーロッパに強いという特徴の1つはこの時に始まっています。

1987年にはカード会社として最初に中国で事業を始めています。1988年には冷戦末期のソビエト連邦に進出。その後、世界210か国で展開し、2006年に上場、現在に至ります。S&P500に採用されている企業でもあります。

**2020年12月期は前年比で業績が劣りましたが、概ね右肩上がりで成長しており、株**

ティッカーシンボル
MA

決算期
12月

セクター
情報技術

価も5年で約4倍に成長しました。

営業基盤の強さは疑いのないところで、成長力もあります。ほとんど唯一に近い懸念は当局による規制です。ビザとの二強なため、なんらかの規制が入ると状況が一変する可能性はあります。また、世界における決済額に業績は左右されます。そのため、景気後退期には業績も落ち込むことが予想され、2020年12月期は新型コロナの影響を受けて業績が前年比で下回ったと思われます。

とはいえ、数年前に世界の決済は電子決済が主流となり、現金決済を上回りました。この潮流はとどまるところを知らず、より便利にスピーディーになっていくでしょうし、マスターはその中心にある企業の1つです。

DATA

［株価］

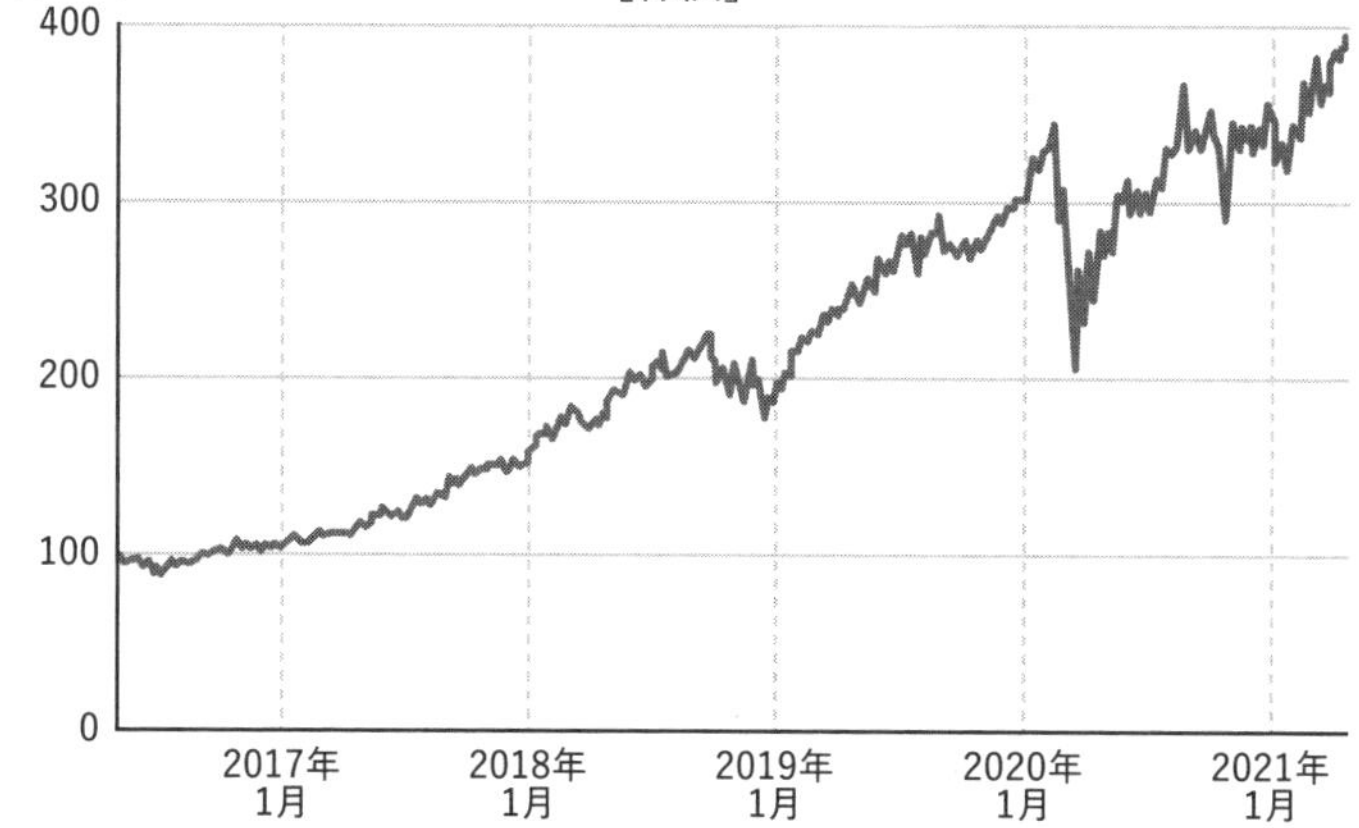


| 年度 | 売上高(億ドル) | 営業利益率 | 営業CF(億ドル) | EPS |
|---|---|---|---|---|
| 2016年12月 | 107.7 | 54.9% | 44.8 | 3.6 |
| 2017年12月 | 124.9 | 54.0% | 55.5 | 3.6 |
| 2018年12月 | 149.5 | 56.0% | 62.2 | 5.6 |
| 2019年12月 | 168.8 | 57.4% | 81.8 | 7.9 |
| 2020年12月 | 153.0 | 53.3% | 72.2 | 6.3 |

# テスラ

## 株価が5年で20倍！　注目度ナンバーワン

ティッカーシンボル
TSLA

決算期
12月

セクター
一般消費財

米国の電気自動車メーカーで、電気自動車と関連製品の開発・製造・販売に従事しています。

2020年12月にS&P500に採用されました。その時価総額規模から、指数参入時には業績うんぬんよりも、指数へのインパクトが大いに注目された銘柄です。

2003年、カリフォルニア州シリコンバレーでエンジニアのマーティン・エバーハードとマーク・ターペニングが創業。翌年イーロン・マスクが取締役会長に就任し、2008年から現在までCEOを務めています。

2008年にリリースした最初の市販化モデル「ロードスター」を皮切りに、これまで5車種をリリースしています。

2014年からは、自動運転技術の追加を可能にするハードウェアを一部車種に装備し始め、アップデートやバージョンアップを繰り返しながら機能や精度を高めています。

2019年には完全自動運転化を加速するために開発した自社製カスタム人工知能（AI）チップを公開。これは業界トップクラスのエヌビディア【NVDA】が開発したAIチップより10倍速いともいわれています。

足元は中国で生産を始めたSUV（多目的スポーツ車）「モデルY」が好調のようです。世界的なグリーン化の流れのなかで販売台数は伸びてきているようです。

2010年にNASDAQに上場以来、10年以上が経過しましたが、いまだにスタートアップのような新鮮味や期待感、地に足がついていないかのような不安感も感じさせます。

**株価はこの5年で約20倍に大化けしました。**期待先行で買われてきた印象です。直近の業績でEPSも黒字になり、EV市場を牽引する存在ですが、現時点では良くも悪くも話題に左右された売買がされがちでボラティリティはしばらくの間大きいでしょう。

DATA

［株価］

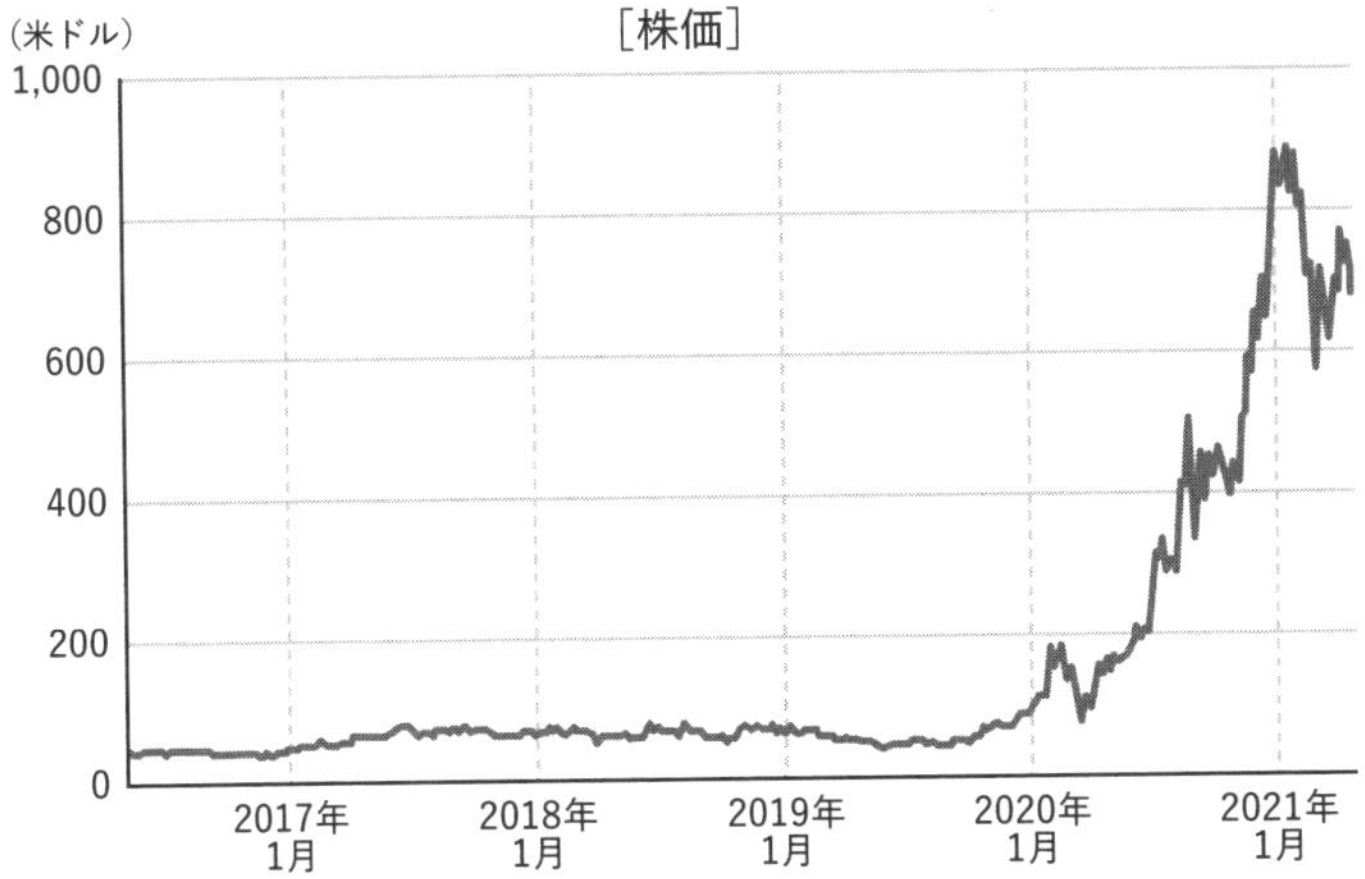


| 年度 | 売上高（億ドル） | 営業利益率 | 営業CF（億ドル） | EPS |
|---|---|---|---|---|
| 2016年12月 | 70.0 | -9.5% | -1.2 | -0.9 |
| 2017年12月 | 117.5 | -13.9% | -0.6 | -2.3 |
| 2018年12月 | 214.6 | -1.2% | 20.9 | -1.1 |
| 2019年12月 | 245.7 | 0.3% | 24.0 | -0.9 |
| 2020年12月 | 315.3 | 6.3% | 59.4 | 0.6 |

# ドキュサイン

上場3年で株価6倍！ 新型コロナで加速

| |
|---|
| （ティッカーシンボル） |
| DOCU |
| （決算期） |
| 1月 |
| （セクター） |
| 情報技術 |

電子署名ビジネスの米国最大手です。ビジネスモデルはクラウドベースのサブスクリプション。2003年に創業者の1人トム・ゴンザー氏の運営企業傘下にあった「DocuTouch」（電子署名の特許を保有）を買い取る形で設立されました。

最近よく耳にするSaaS銘柄です。契約書などをデジタルで準備し、電子署名により契約書の締結をスピーディーに行います。同社顧客は大企業、中小企業、個人事業主、専門家、個人など幅広いです。

そのサービスは、現在188か国以上、82万社以上で使われており、シェアは74％と圧倒的です。代表的なサービス「eSignature」は時間、場所、デバイスに関係なく署名捺印ができる、世界でもっとも使われている電子署名です。

また、セールスフォース・ドットコム【CRM】が提供しているDocuSign for Salesforceなどメジャーどころのシステムとの親和性を図っていることも顧客を増やしている要因でしょう。

まだ赤字企業ですが、売上高は着実に成長。NASDAQに上場したのが2018年ですので、**上場してからまだ3年余りですが、株価は約6倍に大きく成長しています。**

ドキュサインは新型コロナを味方にした企業です。ステイホームが推奨されるなかで事業をサスペンドさせないために必要なツールが電子署名でしょう。電子署名サービスや、2019年に立ち上げた、企業間の契約を迅速・安価・安全に行う「アグリーメント・クラウド」は、リモートワークに欠かせないサービスであり、2020年は同社に強い追い風が吹きました。

ドキュサインが「The Anywhere Economy（どこでも経済）」とよぶ経済の下での契約の締結や文書の編集・共有といったニーズは、今後しばし高く推移すると思われます。

DATA

［株価］

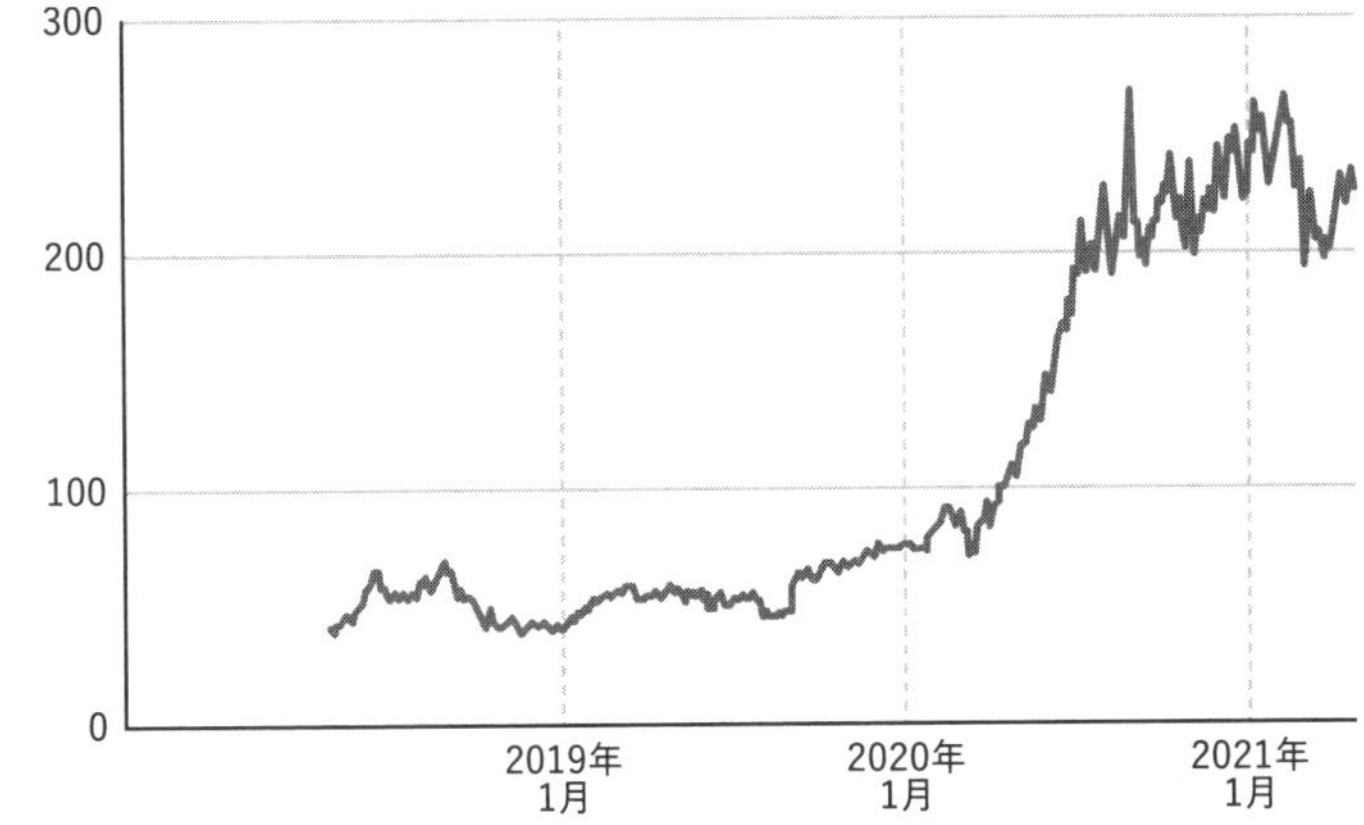


| 年度 | 売上高（億ドル） | 営業利益率 | 営業CF（億ドル） | EPS |
|---|---|---|---|---|
| 2017年1月 | 3.8 | -30.4% | -0.0 | -4.1 |
| 2018年1月 | 5.1 | -10.0% | 0.5 | -1.6 |
| 2019年1月 | 7.0 | -60.8% | 0.7 | -3.1 |
| 2020年1月 | 9.7 | -19.9% | 1.1 | -1.1 |
| 2021年1月 | 14.5 | -12.0% | 2.9 | -1.3 |

NASDAQ初上場の仮想通貨取引所

# コインベース・グローバル

（ティッカーシンボル）COIN

（決算期）12月

（セクター）金融

2012年に創業した、米国の仮想通貨取引所の運営会社です。2021年4月に、NASDAQに直接上場しました。仮想通貨の事業に特化した企業の上場は初めてです。

直接上場を選ぶ企業は、拡大投資をIPO等による資金調達で実施する企業が多いといえますが、同社はその典型です。

2020年末時点で、世界で32か国、5600万人の利用者を抱え、90以上の暗号資産を取り扱うプラットフォームとなっています。同社が保管する暗号資産の時価総額に対するシェアは11・3%で業界最大手です。競合はバイナンスです。

2020年12月期の取引高は380億ドル（前年比81%増）で、暗号資産別にはビットコインが41%、イーサリアムが15%、その他が44%を占めます。

売上の86%は取引収入で、その他は保管手数料などからなり、取引収入に占める暗号資産別の構成比は、ビットコイン44%、イーサリアム12%、その他44%です。

この初めての上場事例を、「仮想通貨がアセットクラスとして受け入れられた象徴」と受け入れるのか、あるいは「価値の源泉がはっきりしない故か、激しい仮想通貨のボラティリティへのエクスポージャーが大きく、リスクが高い」と解釈するのか、今後しばしば見解が分かれそうです。

一方、**仮想通貨の時価総額が２０１２年末の5億ドルから、２０２１年4月には2兆ドルにまで成長しているのに伴い、取引所の取扱高が拡大していることは事実です。**この取引規模の拡大がコインベースの早期黒字化に寄与しました。

さらに今後は「ビットコインＥＴＦ」が登場するといわれています。このＥＴＦのコストと戦える体力を持つことが当面の課題でしょうか。

DATA

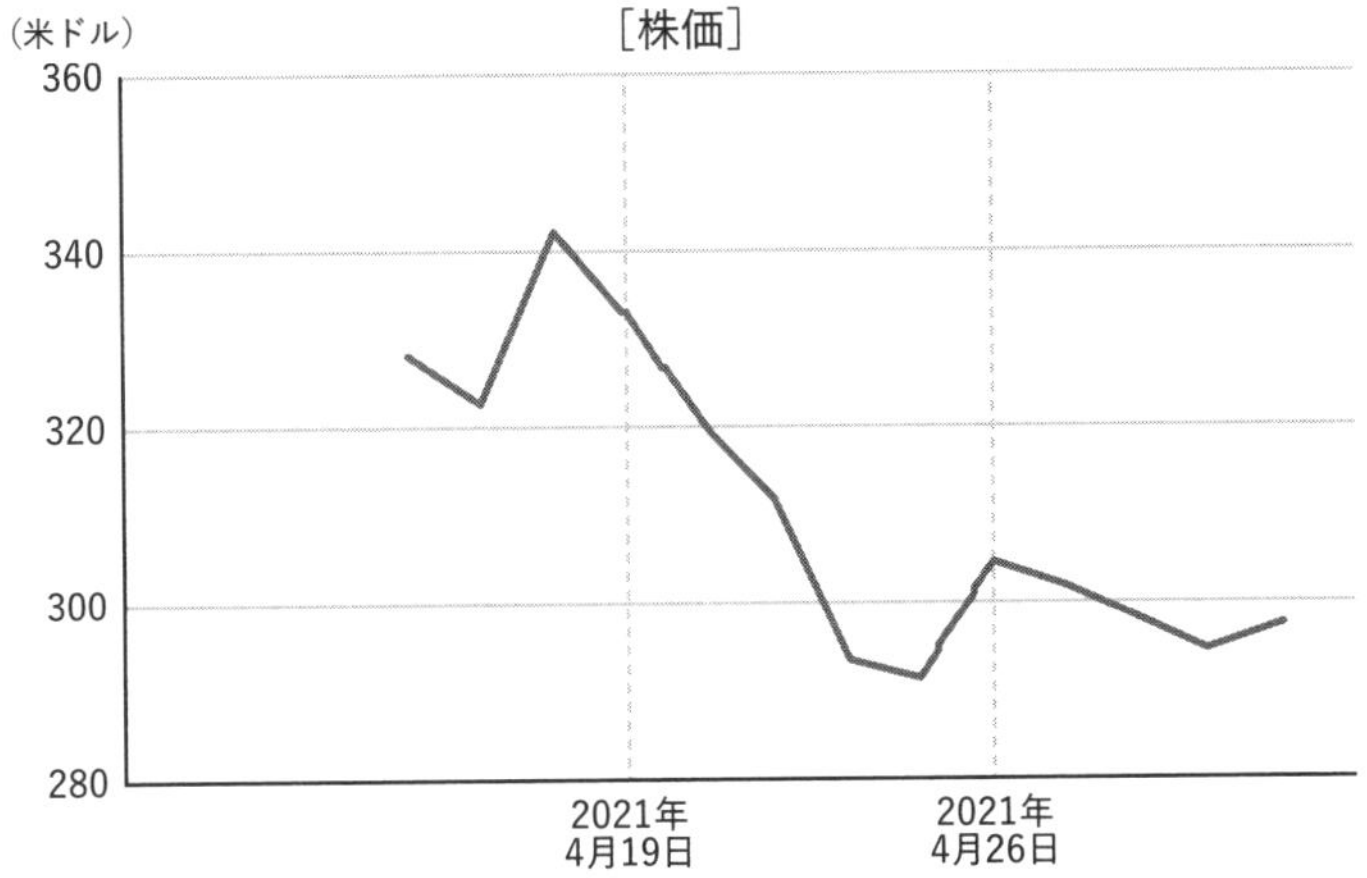


| 年度 | 売上高（億ドル） | 営業利益率 | 営業CF（億ドル） | EPS |
|---|---|---|---|---|
| 2016年12月 | | | | |
| 2017年12月 | | | | |
| 2018年12月 | | | | |
| 2019年12月 | 5.3 | -6.7% | -0.8 | -0.1 |
| 2020年12月 | 12.7 | 32.0% | 30.0 | 1.5 |

# ニーオ

## 課題も多いが期待もできる気鋭のEVメーカー

ティッカーシンボル
NIO

決算期
12月

セクター
一般消費財

中国の新興EVメーカーで、中国語名は上海蔚来汽車。2014年に起業家の李斌（英名：ウィリアム・リー）氏らが中国内で設立したEV開発・製造企業です。設立当時の社名はNextEVで、2017年にニーオに社名変更。会長兼CEOのリー氏は自動車産業にネットサービスを展開するBitautoなどを立ち上げた経歴を持ちます。

上海《シャンハイ》にグローバル本社とR&Dセンター、合肥《ごうひ》に中国本社と製造センター、北京《ペキン》にソフトウェアのグローバルR&Dセンターを構え、米カリフォルニア州、英オックスフォードに拠点を持ち、グローバル展開を図っています。

2016年に最初のモデルとなるハイスペック2ドアスポーツEV「EP9」を発表し注目を集めました。2017年の自社イベントでは、初の量産モデル・プレミアムSUVタイプのEV「ES8」の発売を発表し、翌年6月から納車を開始。イスラエルのモービルアイが開発した当時最新の画像処理チップ「EyeQ4」を初採用して注目を浴び、納入台数は着実な伸びを見せていました。2018年9月にはニューヨーク証券取引所へのIPOを正式に発表。同年12月に量産車第2

号となるSUV「ES6」を発表しています。

ただし2019年に入ると事態は一転します。新車特有のプレミアム感が徐々に薄れると同時に米中貿易紛争や政府のエコカー補助削減などを背景に需要が減退し、納入台数が低迷。追い打ちをかけるようにES8のバッテリーが発火する事故が発生、リコールを発表する事態となりました。

**IPO以来期待先行で株が買われていましたが、足元はやや弱含みです。**まだバリュエーションが利くような銘柄でもないでしょう。今後の課題は、自社生産体制の構築です。これまでは安徽江淮汽車集団（JAC）に製造委託していましたが、自前の生産体制を確立することで業績の変化を期待できます。

DATA

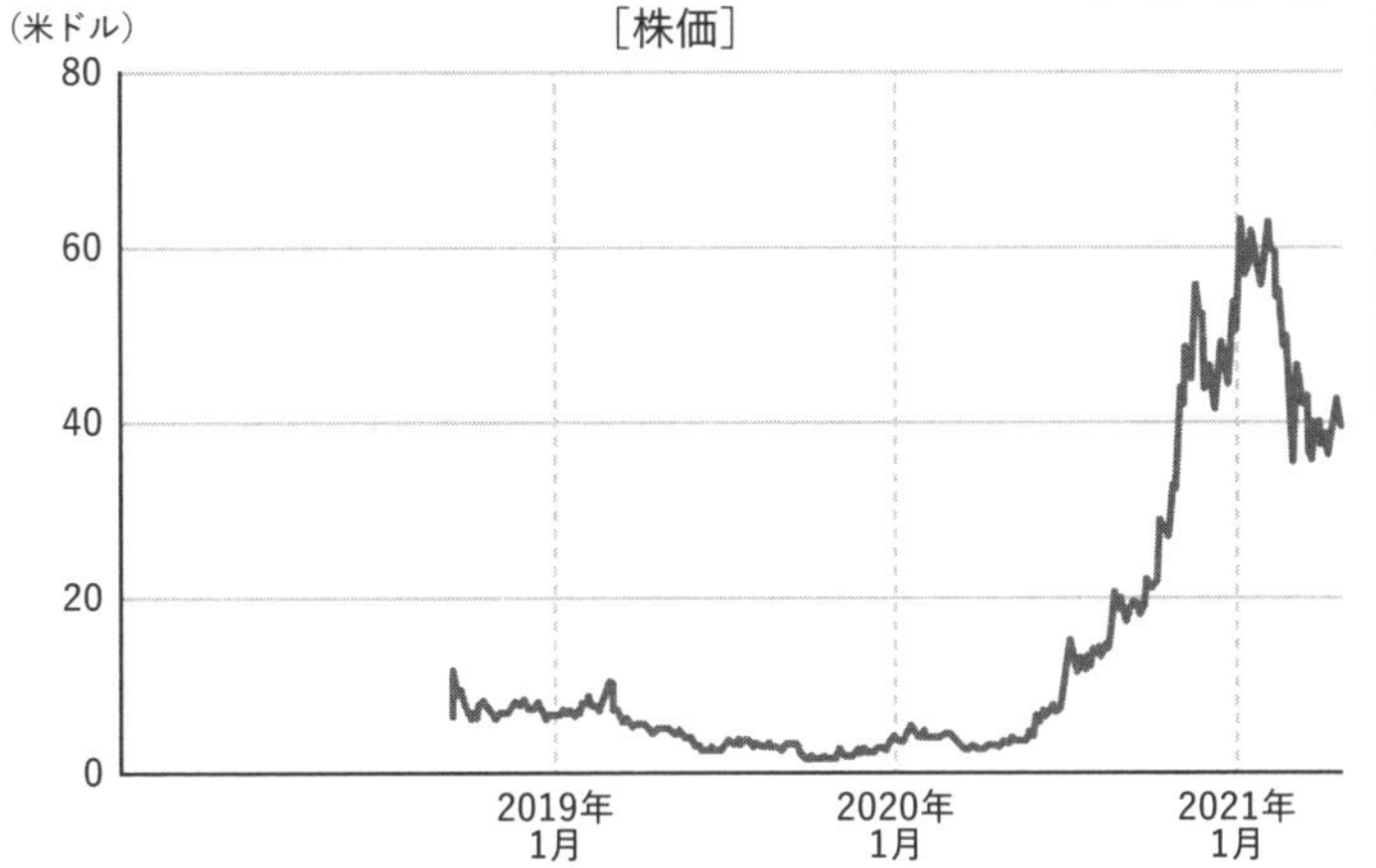


| 年度 | 売上高(億ドル) | 営業利益率 | 営業CF(億ドル) | EPS |
|---|---|---|---|---|
| 2016年12月 | | | | |
| 2017年12月 | | | | |
| 2018年12月 | 49.5 | -193.8% | -79.1 | -70.2 |
| 2019年12月 | 78.2 | -141.6% | -87.2 | -11.0 |
| 2020年12月 | 162.5 | -28.3% | 19.5 | -4.7 |

## 著者略歴

# たぱぞう

月間100万PV超の投資ブログ「たぱぞうの米国株投資」の管理人。2000年からなけなしの初任給で日本株を買い始めたのが投資歴の始まり。リーマンショックなどを経つつも辛うじて退場を免れる。為替が1ドル80円を切ったことから、米ドルに投資資金を切り替え、米国株投資を同時に開始。2016年から「誰もができる投資術の提案」をモットーとし、ブログをスタート。投資顧問会社にてアドバイザーをしているほか、セミナーなどを通じて米国株投資を広めている。現在は独立し、資産管理会社を経営。
著書に『お金が増える 米国株超楽ちん投資術』(KADOKAWA)、『40代で資産1億円! 寝ながら稼げるグータラ投資術』『目指せ! 資産1億円! 図解でよくわかる たぱぞう式米国株投資』(きずな出版)がある。

**◉「たぱぞうの米国株投資」 https://www.americakabu.com**

**◉Twitter:@tapazou29**



最速で資産1億円!
**たぱぞう式 米国個別株投資**

2021年7月10日　第1刷発行
2022年1月10日　第3刷発行

［著者］　たぱぞう
［発行者］　櫻井秀勲
［発行所］　きずな出版
東京都新宿区白銀町1-13　〒162-0816
電話03-3260-0391　振替00160-2-633551
https://www.kizuna-pub.jp
［印刷・製本］　モリモト印刷




ISBN978-4-86663-145-5
きずな出版